ANÉCDOTAS 1 WORKBOOK

Vida, actualidad y cultura

Spanish for Heritage and Native Speakers

¡BIENVENIDOS!

Carlos A. Salazar ● José M. Aviña ● Norma Villalobos
Vivanie Y. Barrios ● Ana B. Mendoza

Texas, U.S.A.

ONE WAY EDUCATION

ONE WAY EDUCATION

Anécdotas 1 Workbook
Spanish for Heritage and Native Speakers
_____

Autores y creadores del currículum educativo
Carlos A. Salazar
José M. Aviña
Norma Villalobos
Ana B. Mendoza
Vivanie Y. Barrios

Colaboradores
Redacción
Antonio Paz Pineda
Alejandrina Garza de León

978-1-7358176-4-4
©2022 *Anécdotas 1 Workbook*
D.R. 2022 *Anécdotas 1 Workbook*
©2022 One Way Education
D.R. 2022 One Way Education
5600 NW Central Dr 278, Houston, TX 77092

All rights reserved. Reproduction is prohibited total or partial of this work, by any means or procedure, including reprography and computer processing, photocopying or recording, without prior written authorization of the bearer of the rights.

Todos los derechos reservados. Queda prohibida la reproducción total o parcial de esta obra, por cualquier medio o procedimiento, comprendidos la reprografía y el tratamiento informático, la fotocopia o la grabación, sin la previa autorización por escrito del portador de los derechos.

Edición y diseño editorial
Carlos A. Salazar

Diseño de interior y de cubierta
Carlos A. Salazar
Paul Reese

Cuidado de edición y revisión ortotipográfica
Alejandrina Garza de León

Corrección ortotipográfica
Keyla Tolentino

Formación y apoyo técnico
Alejandro Cavazos

Las imágenes que aparecen en esta obra fueron proporcionadas por www.shutterstock.com y Canva Pty Ltd

Editado e impreso en Houston, Texas, U.S.A.
Made and printed in Houston, Texas, U.S.A.

ONE WAY
EDUCATION

ACTIVIDADES, CREATIVIDAD Y PRÁCTICA

NUNCA DEJES DE SOÑAR

UNIDAD I
LAS FAMILIAS Y SU ENLACE CON LA SOCIEDAD — P. 1

• LECCIÓN 1 — EL PODER DE LA EDUCACIÓN — 3

La transformación industrial — 4
Ortografía: el punto — 7

• LECCIÓN 2 — LA HISPANIDAD ES UNA CELEBRACIÓN — 8

El 14 de febrero, ¿amor o mercadeo? — 9
Las bases de una oración: Sujeto y predicado — 12
Argentina: Un viaje por el mundo — 15
La leyenda: *La Xtabay* — 17

• LECCIÓN 3 — LOS VALORES REFLEJADOS EN LA COMUNIDAD — 19

Organizaciones de la sociedad civil — 20
Ortografía: la coma — 22

• LECCIÓN 4 — EL IMPACTO ECONÓMICO DE UN PROFESIONAL EN LA FAMILIA Y LA SOCIEDAD — 24

La igualdad de género — 25
Los pronombres personales — 29
Ecuador: Un viaje por el mundo — 31
La leyenda: *La Tatuana* — 32

UNIDAD 2
EL IMPACTO DE LA CULTURA Y EL LENGUAJE EN LAS IDENTIDADES

P. 33

• LECCIÓN 1 — ESTADOS UNIDOS, UNA CELEBRACIÓN CULTURAL — 36

La quinceañera, ¿es algo del hoy o del pasado? — 38

Ortografía: los dos puntos — 42

• LECCIÓN 2 — LOS IDIOMAS SON UNA RIQUEZA — 44

La necesidad de dominar dos idiomas — 46

Una introducción a la conjugación: El tiempo presente — 49

México: Un viaje por el mundo — 51

La fábula: *Dos cabras* — 53

• LECCIÓN 3 — LAS CREENCIAS POPULARES — 55

¿El maestro la tiene fácil? — 57

Ortografía: el punto y coma — 60

• LECCIÓN 4 — MI PAPEL EN LA SOCIEDAD — 61

El periodismo y su papel en la sociedad — 63

La conjugación: El presente progresivo — 66

Colombia: Un viaje por el mundo — 68

La fábula: *El pato y la serpiente* — 69

UNIDAD 3
CONTEMPLANDO EL ARTE COMO INFLUENCIA EN LA VIDA

P. 71

• LECCIÓN 1 — EL PODER DE LAS PALABRAS — 74

Gabriel García Márquez: Premio Nobel de la Literatura	75
Ortografía: los signos de exclamación	78

• LECCIÓN 2 — LA EVOLUCIÓN DEL ARTE DE LA ACTUACIÓN Y EL CINE — 79

¿Hollywood o Moneywood?	81
El tiempo pretérito	83
Chile: Un viaje por el mundo	86
El poema: *Amor eterno*	87

• LECCIÓN 3 — EL NEGOCIO DEL ARTE Y SU ABUNDANCIA — 89

El pintor con una historia en sus manos	90
Ortografía: los signos de interrogación	94

• LECCIÓN 4 — LAS MELODÍAS Y SUS EFECTOS EN LA SOCIEDAD — 95

¡La música nos hace bailar, aquí y donde sea!	96
El pretérito imperfecto	99
El Salvador: Un viaje por el mundo	101
El poema: *Quejas*	102

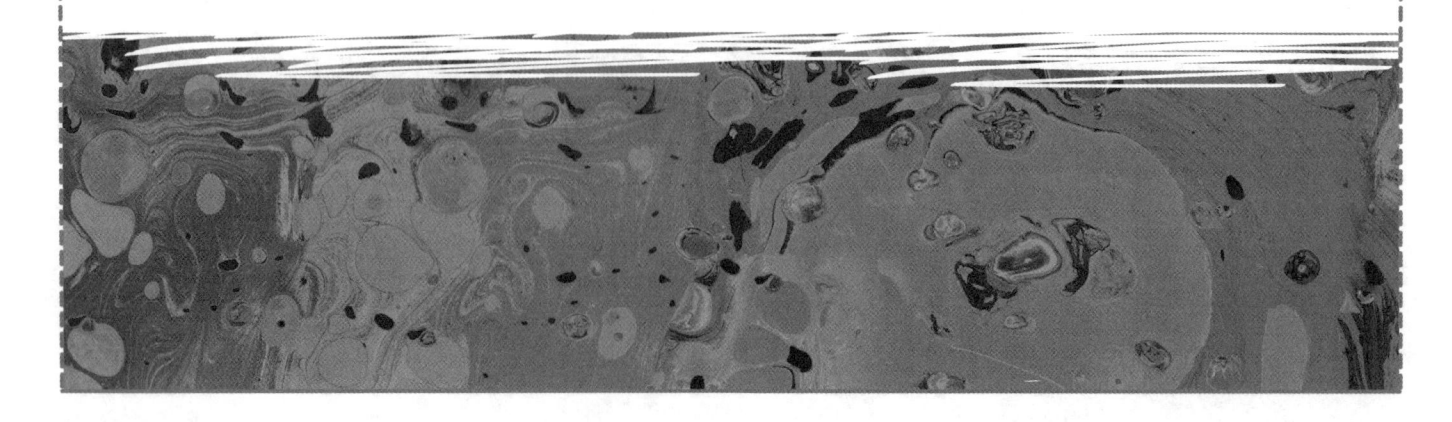

UNIDAD 4
LA TECNOLOGÍA Y SUS BENEFICIOS EN LA VIDA DIARIA

P. 104

- **LECCIÓN 1** — LA ERA DEL INTERNET, ¿NOS ESTÁ SOBREPASANDO? — 106

  Una semana sin internet — 108
  Ortografía: (los sinónimos) — 110

- **LECCIÓN 2** — EL REINADO DE LAS REDES — 112

  La cultura en las redes: Las redes ayudan a las tradiciones y celebraciones — 114
  La conjugación: El futuro — 116
  Perú: Un viaje por el mundo — 117
  El cuento corto: *El obstáculo* — 120

- **LECCIÓN 3** — EL CELULAR, ¿ES UNA ADICCIÓN O UNA NECESIDAD INMINENTE? — 121

  ¿Cuánto pagarías por un celular nuevo y moderno? — 123
  Ortografía: los antónimos — 125

- **LECCIÓN 4** — EL ARTE DE VOLAR, EL SUEÑO DEL MUNDO — 127

  Los coches en el aire, la realidad del futuro — 128
  La conjugación: El futuro perfecto — 130
  Costa Rica: Un viaje por el mundo — 132
  El cuento corto: *Los deseos* — 133

UNIDAD 5
LA VIDA CONTEMPORÁNEA Y SUS CAMBIOS EN LAS COMUNIDADES

P. 135

• LECCIÓN 1 — LAS NUEVAS OPORTUNIDADES LABORALES — 137

Los negocios son una opción real — 138
Ortografía: los regionalismos — 141

• LECCIÓN 2 — EL PODER DE LA ADAPTACIÓN — 142

El enemigo que no se dejaba ver: Los nuevos retos y sus consecuencias — 143
La conjugación: El presente perfecto — 145
Honduras: Un viaje por el mundo — 147
La crónica: *Un partido con mucha pasión* — 148

• LECCIÓN 3 — LOS PAÍSES INDUSTRIALIZADOS — 149

¿Somos del primer mundo o de dónde somos? — 150
Ortografía: los neologismos — 152

• LECCIÓN 4 — LA SOCIEDAD SE TRANSPORTA — 153

Los trenes bala del mundo: La transportación y sus ventajas — 155
La conjugación: El pluscuamperfecto — 157
Paraguay: Un viaje por el mundo — 159
La crónica: *Las banquetas escuchan* — 161

UNIDAD 6
LA SOCIEDAD FRENTE A LOS RETOS

P. 162

• LECCIÓN 1 — LA INMIGRACIÓN EN ESTADOS UNIDOS — 165

Inmigración, emigración y migración	167
Ortografía: la diéresis	169

• LECCIÓN 2 — LOS CAMBIOS CLIMÁTICOS Y SUS EFECTOS — 170

Los desastres naturales: El poder de la naturaleza	171
La conjugación: El condicional	173
La República Dominicana: Un viaje por el mundo	175
El teatro: *El hombre que se convirtió en perro (parte 1)*	176

• LECCIÓN 3 — LA CORRUPCIÓN UNA REALIDAD POTENTE — 177

Un peso para el pueblo, uno para mí	178
Ortografía: los puntos suspensivos	181

• LECCIÓN 4 — EL VOTO LATINO Y SU PODER EN LA SOCIEDAD — 182

El valor de votar y cómo afecta nuestras vidas	184
La conjugación: El condicional perfecto	187
Cuba: Un viaje por el mundo	189
El teatro: *El hombre que se convirtió en perro (parte 2)*	190

ONE WAY
EDUCATION

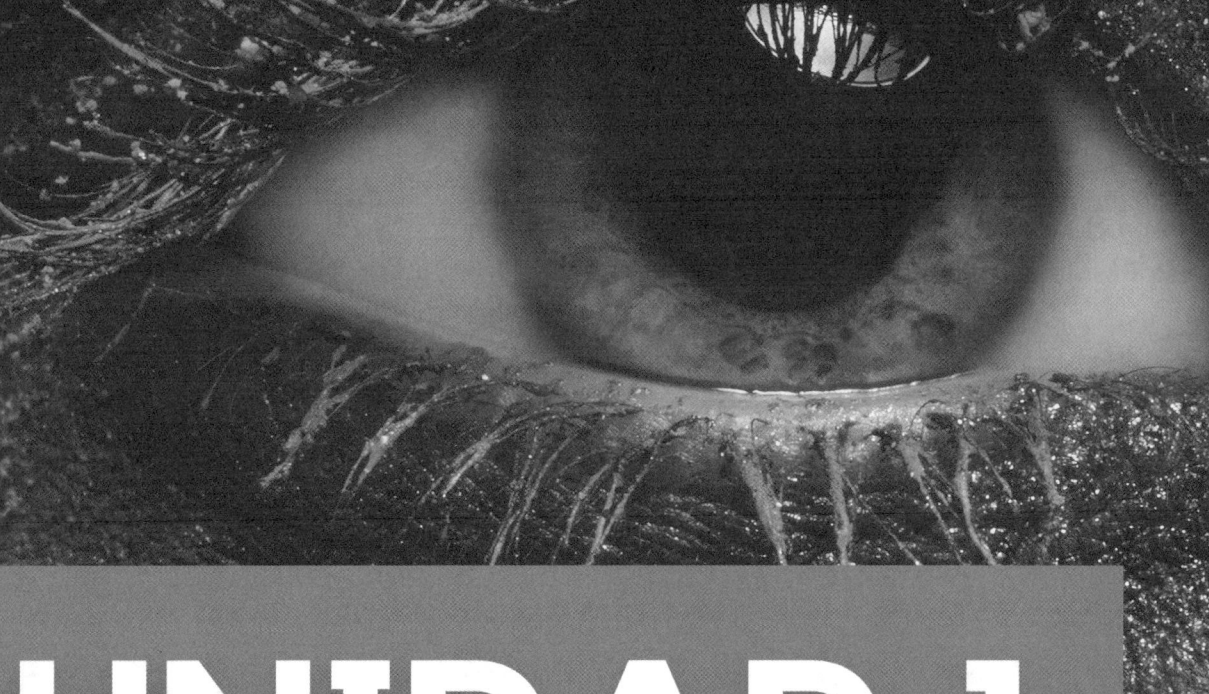

LAS FAMILIAS Y SU ENLACE CON LA SOCIEDAD

UNIDAD 1

ANÉCDOTAS 1
UNIDAD 1

NOMBRE:
FECHA:

Introducción

LAS FAMILIAS Y SU ENLACE CON LA SOCIEDAD

A. Contesta las siguientes preguntas en oraciones completas y con detalles.

1. ¿Cómo es tu familia? ¿Quiénes viven en tu hogar?
   _____
   _____

2. ¿Qué ventajas tiene alguien al vivir en una familia?
   _____
   _____

3. ¿Cómo será tu familia al ser adulto? ¿Deseas una familia grande o pequeña? Explica tu elección.
   _____
   _____

B. Según la introducción "Las familias como raíz de la sociedad", ¿cómo eran las familias de antes a las familias de hoy? Llena la tabla con datos del artículo.

Las familias de antes	Las familias de hoy

C. Escribe una oración que **resuma** el propósito de esta introducción a la unidad.

_____
_____
_____

ANÉCDOTAS 1
UNIDAD 1

NOMBRE:
FECHA:

EL PODER DE LA EDUCACIÓN

A. Preguntas de comprensión. Contesta las siguientes preguntas en oraciones completas y con detalles.

1. ¿Qué poder tiene la educación en el individuo?
   _____
   _____

2. ¿Para qué deben ser educadas las personas?
   _____
   _____

3. ¿Por qué debe un país invertir más en la educación?
   _____
   _____

B. A continuación se te da una lista de las profesiones más demandadas y más lucrativas en el futuro. Define cada una de estas profesiones usando tus propias palabras. Si no sabes la definición puedes hacer una búsqueda en Internet, pero usa tus propias palabras al escribir su significado.

1. Acuicultor(a) _____
2. Nanomédico(a) _____
3. Webgardeners _____
4. Microemprendedores _____
5. Policía medioambiental _____
6. Narrowcaster _____
7. Bioinformático _____

C. Elige la profesión que más te interese del ejercicio anterior e investiga por Internet acerca de esa carrera: estudio, destrezas, oportunidades de trabajo, salario entre otros datos. Escribe tu información en un párrafo bien estructurado. Si la carrera o profesión que realmente te interesa no está en la lista, puedes escoger tu propia opción.

ANÉCDOTAS 1
UNIDAD 1

NOMBRE:
FECHA:

LA TRANSFORMACIÓN INDUSTRIAL

A. Palabras innovadoras: Llena los espacios en blanco con el vocabulario del cuadro.

| sectores | automatización | ámbito | ocupaciones | políglotas |

1. Las nuevas empresas están ocupando varios _____ dentro del mercado tecnológico.

2. En el sector tecnológico, uno puede encontrar varias _____ ya que se necesita de áreas de mucho conocimiento.

3. Para muchas empresas es necesario que sus empleados sean _____ para poder alcanzar mercados en distintos países.

4. Las empresas del siglo 22 van hacia el empleo de más _____ y esto requiere que el personal adquiera esos conocimientos para mantenerse actualizado con la nueva demanda laboral.

5. Muchos jóvenes de hoy se enfocan más en el _____ de videojuegos que en su propia superación.

B. Ampliación de vocabulario: Busca las siguientes definiciones de las palabras en negrilla y luego úsalas en una oración propia.

6. **demanda:** _____
(oración): _____

7. **laboral:** _____
(oración): _____

8. **herramienta:** _____
(oración): _____

ANÉCDOTAS 1
UNIDAD 1

NOMBRE:
FECHA:

9. ingreso: _____
(oración): _____

10. rezagado: _____
(oración): _____

11. etapa: _____
(oración): _____

12. adecuar: _____
(oración): _____

Preguntas de comprensión

C. Preguntas de comprensión. Contesta las siguientes preguntas en oraciones completas y con detalles.

1. De acuerdo con el artículo, ¿qué es "La Cuarta Revolución Industrial"?

2. ¿Debe un individuo pensar que ocuparía un empleo para toda la vida en este tiempo moderno? ¿Por qué?

3. ¿Qué es lo que se estima pasará en el siglo 21? ¿Por qué?

4. Nombra tres profesiones nuevas que se están desarrollando para el futuro.

ANÉCDOTAS 1
UNIDAD 1

NOMBRE:
FECHA:

5. Elige una de las posibles ocupaciones para el futuro y haz una pequeña investigación de los requisitos que uno necesita para ocuparlos.

6. Según el artículo, ¿qué tipo de evolución está surgiendo con algunos empleos?

7. Para mantenernos actualizados y competir en los nuevos empleos, ¿qué se recomienda hacer? ¿Por qué?

8. En cuanto a saber hablar otro idioma, ¿qué será necesario para las nuevas ocupaciones el futuro inmediato? ¿Por qué lo crees?

D. De acuerdo con el artículo, ¿por qué es importante la educación continua? Da ejemplos.

ORTOGRAFÍA: EL PUNTO

La importancia del punto es crucial para poder escribir de una manera correcta y adecuada. El punto es en sí una cuestión sintáctica: se usa para delimitar oraciones y párrafos en la escritura, pero también se puede escuchar en el habla. El punto indica una pausa. Existen tres tipos de puntos en un texto:

Punto y seguido:	*Punto y aparte:*	*Punto final:*
Este punto se usa al final de una oración en la cual le sigue otra oración independiente dentro de un mismo párrafo.	Este punto se usa al final de un párrafo, en el cual se comienza uno nuevo después de un espacio.	Este punto se usa al final de una escritura, podría ser también el final de una parte de éste como la unidad.

Lee el siguiente fragmento e identifica el uso del punto.

El año 2020 nos dejó un ejemplo esencial sobre esta situación, ya que las familias se vieron expuestas a pasar más tiempo juntas en casa, gracias a la pandemia. (1) Esto llevó a los familiares a entenderse mejor, conversar con frecuencia y saber adaptarse a lo que traía esta nueva realidad que todo el mundo estaba experimentando. (2)

Las familias no son iguales, cada una tiene una forma distinta de vivir y ver la vida, esto no está relacionado con la raza o el país de origen, ya que las sociedades viven sus vidas según sus posibilidades y su educación. (3) No es fácil salir de las tradiciones dañinas o esas que no apoyan el crecimiento de las familias, pero sí es más accesible saber adaptarse a nuevas formas de progreso. (4) Un ejemplo de esta situación es tener un primer hijo o hija que termine la universidad, para así poder cambiar la idea que se tiene sobre la educación en la familia futura. (5)

1. Punto y seguido	y se usa para	terminar una oración y continuar otra con la misma idea.
2.	y se usa para	
3.	y se usa para	
4.	y se usa para	
5.	y se usa para	

LA HISPANIDAD ES UNA CELEBRACIÓN

A. Une el país con uno de sus platillos tradicionales. Puedes consultar en Internet si no estás seguro(a).

1. Puerto Rico	A. Lomo saltado
2. México	B. Nacatamal
3. Venezuela	C. Alcapurrias
4. Honduras	D. El asado
5. Argentina	E. El mole poblano
6. Perú	F. El pabellón criollo

B. Usando los mismos países del ejercicio anterior, escribe la capital de cada país.

1. Puerto Rico _____
2. México _____
3. Venezuela _____
4. Honduras _____
5. Argentina _____
6. Perú _____

C. Ya que has leído acerca de la celebración de la hispanidad en los Estados Unidos y de su importancia te toca a ti promover dicha festividad cultural. Imagínate que te han dado la tarea de planear las actividades del mes de la hispanidad en tu escuela como presidente actual del club hispano. Escribe acerca del plan que presentarás a la directiva escolar dando detalles importantes sobre una mayor difusión del homenaje y al mismo tiempo incrementar la tolerancia y de presentarlo como un claro ejemplo de un evento cultural comunitario.

**ANÉCDOTAS 1
UNIDAD 1**

NOMBRE:
FECHA:

EL 14 DE FEBRERO, ¿AMOR O MERCADEO?

A. Palabras innovadoras: sustituye las palabras subrayadas en las siguientes oraciones con un sinónimo del cuadro.

céntricas	escultura	litúrgico	publicitario	símbolo

1. _____ El edificio se encuentra en una de las calles principales.

2. _____ El político se vio involucrado en un anuncio de propaganda de mal gusto.

3. _____ Una estatua de David de Michelangelo se encuentra en el Museo Getty.

4. _____ Algunos padres católicos seleccionan los nombres del calendario religioso para sus hijos recién nacidos.

5. _____ Para muchos estadounidenses, la bandera representa un emblema de democracia y libertad.

B. Ampliación de vocabulario: llena los siguientes cuadros con la información requerida.

Palabra	Sinónimo	Antónimo	Definición
reclutar			
prohibición			
clandestinidad			
consagrada			
conmemorar			
aluden			

ANÉCDOTAS 1
UNIDAD 1

NOMBRE:
FECHA:

C. Practicar: Ahora utiliza las nuevas palabras en un párrafo que concuerde.

D. Preguntas de comprensión

1. ¿Celebras el Día de San Valentín? ¿Por qué sí o no?

2. Según el artículo, ¿cómo y por qué comenzó este día de "enamorados"? Puedes resumirlo en pocas palabras y con tu vocabulario.

3. ¿Crees que esta es una celebración sólo para enamorados? Explica.

4. En Estados Unidos, ¿cuál fue la práctica inicial del 14 de febrero y cómo ha evolucionado a través de los años?

5. ¿Cómo y por qué crees que ha crecido tanto en el último siglo?

ANÉCDOTAS 1
UNIDAD 1

NOMBRE:
FECHA:

Preguntas de comprensión

6. Muchos jóvenes expresan sus sentimientos con regalos caros, como los osos de peluche de gran tamaño, ¿crees que es necesario? Explica.

_____
_____

7. De acuerdo al artículo, ¿cuáles son algunos lugares visitados en Nueva York?

_____
_____

8. En tu comunidad, ¿cuáles son los lugares que se visitan más durante el Día de San Valentín ya sea para pasear o para comer?

_____
_____

9. ¿Hay alguien que se beneficia más con esta celebración del Amor y la Amistad?

_____
_____

ANÉCDOTAS 1
UNIDAD 1

NOMBRE:
FECHA:

LAS LETRAS HABLAN - EL SUJETO Y EL PREDICADO

A. Identifica el sujeto y predicado de cada oración. Una oración contiene dos sujetos y dos predicados.

1. San Valentin fue un sacerdote real.
2. Los jóvenes invitan a sus parejas y muchos adultos compran flores.
3. Los regalos son muy caros en ocasiones.
4. Muchas parejas deciden casarse en el día del amor.
5. ¡Nosotros celebramos con gusto!

B. Utiliza los artículos indefinidos en la forma plural o singular (un, una, unos, unas) según corresponda.

1. __ regalos 2. __ gato 3. __ cartera 4. __ tarjeta 5. __ canciones

C. Utiliza los artículos definidos en la forma plural o singular (el, la, los, las):

1. __ rosas 2. __ detalle 3. __ serenata 4. __ deseos 5. __ cena

D. Completa las siguientes oraciones con los artículos definidos o indefinidos, de acuerdo con las instrucciones.

1. __ educación siempre será esencial para tener 2. __ mejor mañana. 3.__ profesional más apto obtendrá 4. __ mejores trabajos. Aunque 5.__ lo ignoran, 6. __ carreras tecnológicas dominarán 7. __ mundo próximamente. 8. __ nueva batalla se ve en 9. __ futuro próximo. 10. __ ideas innovadoras pueden sonar locas para algunos, sin embargo, muchas veces son 11. __ que se convierten en grandes inventos. ¿Tú que opinas?

E. Escribe el pronombre personal que le corresponda al sujeto de cada oración
> **Ejemplo:** Enrique y Sara juegan fútbol los sábados. Ellos

1. Yo estoy seguro de que me graduaré con honores. _____
2. Ruperto y Alicia han sido afectados por los desastres naturales. _____
3. Martina y yo trabajamos para una ONG. _____
4. A Jennifer le encanta ser la directora de la escuela. _____
5. ¿Te gusta ser el supervisor de este evento? _____

ANÉCDOTAS 1
UNIDAD 1

NOMBRE:
FECHA:

¡Manos a la obra!

F. Analiza estas oraciones y escribe el pronombre reflexivo (me, te, se, nos, os, se) que les corresponda.

> **Ejemplo:** ¡Luisa y yo **_nos_** equivocamos al escoger esta película!

1. El maestro ____ esfuerza al preparar sus clases.
2. Julio, ¿cuánto ____ costaron los adornos de la fachada de tu restaurante?
3. Marina y yo ___ pusimos de acuerdo para juntar dinero para una ONG.
4. No creo que ___ agrade ver actos discriminatorios en mi trabajo.
5. Al parecer las empresarias más exitosas ___ levantan muy temprano.

Practiquemos...

G. En el siguiente párrafo completa la oración con el pronombre personal que sea requerido y elige el pronombre reflexivo (me, te, se, nos, os, se) que mejor complete la oración.

> **Ejemplo:** <u>Yo</u> no soy fácil de entender y ocasionalmente ni yo (**me**/se) entiendo. Rufino y yo compramos un auto nuevo, nosotros (te/**nos**) esforzamos mucho.

1. _____ son mujeres exitosas y (se/me) ___ preparan día a día para seguir mejorando.
2. Mi hermano y yo comenzamos una nueva empresa, _____ creemos que (nos/te) ___ irá muy bien.
3. La economía puede ser un factor que (me/te) ___ afecte al querer iniciar una empresa propia, y ___ creo que puede afectarme si no tengo un plan de negocios.
4. _____ ha sido sin duda el mejor jefe que (nos/se) ha hecho cargo de esta oficina.
5. ¿No crees que ____ tienes los conocimientos necesarios para que (te/se) vaya muy bien?

13

ANÉCDOTAS 1
UNIDAD 1

NOMBRE:
FECHA:

LAS LETRAS HABLAN

H. Selecciona uno de los cuatro temas:

| la familia | los deportes | las compras | una fiesta |

Escribe 4 oraciones sobre el tema que elegiste. Circula el sujeto y subraya el predicado.

1. _____
2. _____
3. _____
4. _____

Ahora un poquito más…

I. Escribe dos oraciones compuestas. Recuerda que puedes utilizar conjunciones como: que, ni, y, o, pero. También, dos oraciones simples se pueden convertir en una oración compuesta por medio de la yuxtaposición, o sea, con una coma, dos puntos, o punto y coma.

A. _____
_____

B. _____
_____

Los artículos definidos e indefinidos.

| el | los | uno | unos |
| la | las | una | unas |

J. Reto Escribe una oración compuesta con más de 3 artículos (definidos o indefinidos). Tu oración debe de tener sentido.

_____

ANÉCDOTAS 1
UNIDAD 1

ARGENTINA: UN VIAJE POR EL MUNDO

A. Indica si las siguientes oraciones son A) ciertas o B) falsas.

_____1. El día de la independencia de Argentina es el 9 de julio de 1816.

_____2. El baile cultural argentino, el tango, se baila sin pareja.

_____3. El equipo nacional de fútbol argentino ha ganado 3 copas mundiales.

_____4. El mate es una bebida cultural originaria de Bolivia.

_____5. Argentina es uno de los países sudamericanos que consume más carne.

B. Explica brevemente la importancia que han tenido los siguientes lugares, eventos o personas en la historia o en la política de Argentina.

1. El rey Fernando VII _____

2. El tango _____

3. Boca juniors _____

4. El asado argentino _____

5. La declaración de independencia _____

ANÉCDOTAS 1
UNIDAD 1

NOMBRE:
FECHA:

C. A continuación te presentamos algunas expresiones usadas en Argentina. Escribe su significado o cómo se usa y después usa la expresión en una oración propia y completa.

1. Tomar el bondi

_____

2. ¡Qué quilombo!

_____

3. ¡Qué rata que sos!

_____

4. Estoy al horno

_____

5. Changa

_____

6. Che

_____

7. Pegar un tubazo

_____

8. ¡Me colgué!

_____

ANÉCDOTAS 1
UNIDAD 1

NOMBRE:
FECHA:

LA LEYENDA: *LA XTABAY*

1. ¿Qué es una leyenda y cómo se transmite?

2. ¿Por qué existen varias versiones de algunas leyendas?

3. ¿Quién es La Xtabay y de dónde surge la leyenda?

4. ¿En dónde se esconde y cómo aparece?

5. ¿Ante cuál tipo de hombre se le aparece y por qué?

6. ¿Qué hicieron mal los compadres Juan y Nicanor?

7. ¿Conocían ellos la leyenda de La Xtabay? ¿Cómo lo sabes?

8. ¿Cuál fue el error de los compadres al salir del pueblo?

9. Cuando despertó el compadre Nicanor, ¿quién estaba con él y qué pasó?

10. ¿Has escuchado de alguna otra leyenda similar a La Xtabay? Explica.

ANÉCDOTAS 1
UNIDAD 1

NOMBRE:
FECHA:

Las características de una leyenda:

Plantamiento o Introducción:	El nudo:	Desenlace:
Se presenta al protagonista o protagonistas de la leyenda.	Se desarrolla el conflicto o se narran los hechos en que está envuelto el protagonista/personaje.	Se resuelve el conflicto del protagonista; puede resultar en triunfo o fracaso del protagonista.

En los siguientes cuadros escribe las partes de La Xtabay que corresponden a cada característica.

Introducción:	El nudo:	Desenlace:

ANÉCDOTAS 1
UNIDAD 1

NOMBRE:
FECHA:

LOS VALORES REFLEJADOS EN LA COMUNIDAD

Vamos a reflexionar acerca de los valores. Sigue las indicaciones del gráfico.

Enlista 3 valores personales.	1. 2. 3.
Enlista 3 valores familiares que observas en tu hogar y explica quién los ejemplifica.	1. 2. 3.
Enlista 3 valores que observes en tu comunidad y explica quién los ejemplifica.	1. 2. 3.
Enlista 3 valores que has observado en un país.	1. 2. 3.

A. ¿Por qué razones es necesario ser un buen ser humano y tener valores?
_____
_____

B. ¿Cómo te puede perjudicar el carecer (no tener) de valores?
_____
_____

C. ¿Qué valor es el más importante? ¿Crees que este valor automáticamente genera otros valores en un humano? Explica.
_____
_____

ANÉCDOTAS 1
UNIDAD 1

NOMBRE:
FECHA:

ORGANIZACIONES DE LA SOCIEDAD CIVIL

A. *Palabras innovadoras*: Llena los espacios en blanco con el vocabulario del cuadro.

| asociación | particulares | intervención | simpatizantes | contribuciones |

1. Tus _____ no se cuestionan: nos has traído mucho conocimiento nuevo.

2. Las aportaciones de la _____ son siempre eficaces.

3. Muchos _____ llegaban del exterior para sumarse a esta buena causa.

4. En este lugar es illegal la posesión de aviones por parte de personas _____.

5. Marcos cree que la _____ en el colegio no es necesaria en este momento.

B. *Ampliación de vocabulario:* llena los siguientes cuadros con la información requerida.

Palabra	Sinónimo	Antónimo	Oración propia
Abarcar			
Lucrativos			
Suministrar			
Arraigo			
Damnificados			
Inminente			

ANÉCDOTAS 1
UNIDAD 1

NOMBRE:
FECHA:

Preguntas de comprensión

C. Contesta las siguientes preguntas usando oraciones completas.

1. ¿Qué significan las siglas ONG? ¿Y qué es?

2. ¿Por qué hay una necesidad de formar estas organizaciones?

3. ¿Cómo operan estas organizaciones de forma legal?

4. ¿A qué grupos vulnerables brindan apoyo las ONG?

5. ¿Cuál es un ejemplo de intervención que llevan a cabo las ONG?

6. ¿Cuáles son otros de los servicios básicos que proveen las ONG?

7. ¿Cómo protege y logra una organización de éstas su propia independencia?

ANÉCDOTAS 1
UNIDAD 1

NOMBRE:
FECHA:

ORTOGRAFÍA: LA COMA

Lo que ya sabes de la coma:

- **Listado:** la coma separa un grupo de palabras u oraciones compuestas.

> p.ej. El profesor se compró varios útiles escolares como una computadora, una mochila, una grapadora, unos bolígrafos y una carpeta.

- **Nombres propios:** Cuando se le llama al sujeto de una oración, su nombre va seguido de una coma o antes dependiendo en la posición de su nombre dentro de la oración.

> p.ej. María, te he dicho que no es necesario traer de comer.
> Vamos, no pongas esa cara de triste, Paco.

- **Aclaración**: Este tipo de coma se usa para introducir, aclarar o finalizar una idea.

> p.ej. Si es necesario, repasaremos todos los pasos antes de presentar el baile.
> En conclusión, los pueblos indígenas no tuvieron otra opción que rendirse a los españoles.

---

1. Vuelve a escribir las siguientes oraciones poniendo la coma donde es necesario y marca con una **L** si es listado, una **N** si es nombre propio o una **A** para aclaración.

____ **1.** Para empezar es necesario educar a los hijos desde pequeños a ser responsables con la basura para no continuar contaminando el medio ambiente.

____ **2.** Abuelo te he dicho que no salgas sin que te acompañe alguien.

ANÉCDOTAS 1
UNIDAD 1

NOMBRE:
FECHA:

____ 3. Eres un chico inteligente y bien generoso Manuel.

____ 4. La profesora asignó tarea de matemática historia geografía y español.

____ 5. En efecto las elecciones electrónicas fueron más eficaces que las boletas de papel.

____ 6. Los muchachos compraron helados de fresa chocolate vainilla y limón.

ANÉCDOTAS 1
UNIDAD 1

NOMBRE:
FECHA:

EL IMPACTO ECONÓMICO DE UN PROFESIONAL EN LA FAMILIA Y LA SOCIEDAD

A. Según el artículo, ¿por qué tiene ventajas terminar una carrera universitaria?
_____
_____

B. ¿Qué cualidades te brinda tener una carrera universitaria?
_____
_____

C. Explica cómo es que la educación es una inversión.
_____
_____

Manos a la obra

Imagina que te han dado la tarea de hacer un póster/ un cartel sobre la importancia de terminar los estudios universitarios. En el espacio siguiente dibuja tu póster y asegúrate de incluir datos que has leído del artículo.

ANÉCDOTAS 1
UNIDAD 1

NOMBRE:
FECHA:

LA IGUALDAD DE GÉNERO

A. Palabras innovadoras: Llena los espacios en blanco con el vocabulario del cuadro. Puedes cambiar la forma de la palabra. **Ojo:** hay una que no se usará y otras se usan dos veces.

estereotipos	brecha	controversia	predecible	perjuicio

1. Es _____ que mi madre siempre sirva la comida a la hora de la cena.

2. Desde los cinco años es que los niños/niñas empiezan a internalizar _____.

3. Es preciso disminuir las _____ de salario entre los hombres y las mujeres.

4. ¿Por qué genera tanta _____ que un hombre se quede en casa a cuidar a sus hijos?

5. La familia es responsable por fomentar los _____.

6. Es triste y _____ que los juguetes de las niñas empiezan a reforzar la idea de que ellas serán amas de casa.

ANÉCDOTAS 1
UNIDAD 1

NOMBRE:
FECHA:

B. Ampliación de vocabulario: Busca la definición de las siguientes palabras y después únelas para resumir el tema del artículo.

| 1. igualdad | 2. género | 3. machismo | 4. méritos | 5. capacitar |

1. _____
2. _____
3. _____
4. _____
5. _____

C. Resumen

SEGUIMOS APRENDIENDO...

D. Indica si la oración es verdadera (V) o falsa (F) según lo que aprendiste del artículo.

_____1. En el 2020 la igualdad de género ya no es un tema controversial.

_____2. Tanto las mujeres como los hombres tienen las mismas oportunidades en lo educativo, económico y político.

_____3. En el ámbito laboral las posiciones con mayor poder le pertenecen a los hombres.

_____4. Los empleos se deben obtener gracias a los méritos y la preparación.

_____5. La igualdad de género no tiene nada que ver con las relaciones interpersonales.

_____6. Las acciones afirmativas funcionan para eliminar estereotipos.

E. Preguntas de comprensión

1. Según el artículo, ¿qué perjuicios se pueden observar en tu casa, en la comunidad, en el trabajo?

_____

_____

2. ¿Qué esfuerzos está haciendo la sociedad para cerrar la brecha laboral? Explica.

_____

_____

| ANÉCDOTAS 1 | NOMBRE: |
| UNIDAD 1 | FECHA: |

F. A colaborar

Trabaja con un compañero para completar la siguiente tabla.

¿Cuáles son las ventajas al alcanzar la igualdad de género en el ámbito familiar?	
¿Cuáles son las ventajas al alcanzar la igualdad de género en el ámbito laboral?	
¿Cuáles son las ventajas al alcanzar la igualdad de género en el ámbito educativo?	
¿Cuáles son las ventajas al alcanzar la igualdad de género en el ámbito económico?	
¿Cuáles son las ventajas al alcanzar la igualdad de género en el ámbito político?	

ANÉCDOTAS 1
UNIDAD 1

NOMBRE:
FECHA:

LAS LETRAS HABLAN - LOS PRONOMBRES PERSONALES

A. Escribe el **pronombre personal** que le corresponda al sujeto de cada oración.

> **Ejemplo:** Enrique y Sara juegan fútbol los sábados. **Ellos**

1. Estoy seguro de que me graduaré con honores. _____

2. Ruperto y Alicia han sido afectados por los desastres naturales. _____

3. Martina y yo trabajamos para una ONG. _____

4. A Jennifer le encanta ser la directora de la escuela. _____

A trabajar...

B. Analiza estas oraciones y escribe el **pronombre reflexivo** (me, te, se, nos, os, se) que les corresponda.

> **Ejemplo:** ¡Luisa y yo **nos** equivocamos al escoger esta película!

1. El maestro _____ esfuerza al preparar sus clases.

2. Julio, ¿cuánto _____ costaron los adornos de la fachada de tu restaurante?

3. Marina y yo _____ pusimos de acuerdo para juntar dinero para una ONG.

4. No creo que _____ agrade ver actos discriminatorios en mi trabajo.

5. Al parecer las empresarias más exitosas _____ levantan muy temprano.

ANÉCDOTAS 1
UNIDAD 1

A practicar...

C. En el siguiente párrafo completa la oración con el pronombre personal que sea requerido y elige el pronombre reflexivo (me, te, se, nos, os, se) que mejor complete la oración.

> **Ejemplo:** Yo no soy fácil de entender y ocasionalmente ni yo (**me**/se) entiendo.

Rufino y yo compramos un auto nuevo, *nosotros* (te/**nos**) esforzamos mucho.

1. _____ son mujeres exitosas y (**se**/me) _____ preparan día a día para seguir mejorando.

2. Mi hermano y yo comenzamos una nueva empresa, _____ creemos que (**nos**/te) _____ irá muy bien.

3. La economía puede ser un factor que (**se**/me) _____ afecte al querer iniciar una empresa propia, y _____ creo que puede afectarme si no tengo un plan de negocios.

4. _____ ha sido sin duda el mejor jefe que (**nos**/se) _____ ha hecho cargo de esta oficina.

5. ¿No crees que _____ tienes los conocimientos necesarios para que (**te**/se) _____ vaya muy bien?

ANÉCDOTAS 1
UNIDAD 1

NOMBRE:
FECHA:

ECUADOR: UN VIAJE POR EL MUNDO

Ya has leído sobre el hermoso país Ecuador y has completado las actividades (1-3) de tu texto. Ahora será tu oportunidad de sintetizar tu saber del país ecuatoriano en un poema acróstico. Da datos sobre el país por cada letra de su nombre.

E _____

C _____

U _____

A _____

D _____

O _____

R _____

Ahora imagina que te han dado la tarea de hacer un comercial radial para fomentar el turismo ecuatoriano. Escribe el guion del anuncio que tendrá 30 segundos de duración.

_____

_____

_____

ANÉCDOTAS 1
UNIDAD 1

NOMBRE:
FECHA:

LA LEYENDA: *LA TATUANA*

Los hechos: Después de haber leído la leyenda La Tatuana debes organizar tus ideas para completar este gráfico en orden según la leyenda.

¿Dónde?	
¿Cuándo?	
¿Quién?	
¿Por qué?	
¿Qué?	
¿Cómo?	

A pensar...

A. ¿Qué palabras crean un ambiente de misterio?

_____

B. ¿Qué hechos son fantásticos?

EL IMPACTO DE LA CULTURA Y EL LENGUAJE EN LAS IDENTIDADES

UNIDAD 2

ANÉCDOTAS 1

ANÉCDOTAS 1
UNIDAD 2

NOMBRE:
FECHA:

Introducción

EL IMPACTO DE LA CULTURA Y EL LENGUAJE EN LAS IDENTIDADES

Preguntas de comprensión

A. Responde a las siguientes preguntas.

1. ¿Cuáles son los tres elementos que se desarrollan en un individuo?
_____

2. ¿De qué modo se expresa el hombre?
_____

3. Menciona tres aspectos que comparte el hombre para comunicarse.
_____

4. Según el artículo, el lenguaje no puede crecer sin la experiencia, ¿por qué?
_____

5. ¿Por qué es necesario saber cómo hablar?
_____

6. ¿Se puede asumir que todas las personas se comunican de igual manera? ¿Por qué?
_____

7. Menciona tres grupos sociales que se conforman debido a su identidad.
_____

ANÉCDOTAS 1
UNIDAD 2

NOMBRE:
FECHA:

8. De acuerdo al artículo, ¿pueden los miembros de una comunidad identificarse con una sola identidad? ¿Por qué sí o no?

_____

B. Coloca la letra correcta enseguida de la palabra.

	1. La sociedad	**A.** Conjunto de las personas de un pueblo, región o nación.
	2. La comunidad	**B.** Costumbre o práctica tradicional de una colectividad o de un lugar.
	3. La tradición	**C.** Doctrina, costumbre, etc., conservada en un pueblo por transmisión de padres a hijos.
	4. Las costumbres	**D.** Conjunto de personas, pueblos o naciones que conviven bajo normas comunes.

ESTADOS UNIDOS, UNA CELEBRACIÓN CULTURAL

A. Contesta las siguientes preguntas en oraciones completas.

1. En tus propias palabras describe la multiculturalidad de Estados Unidos.

2. ¿Cuáles son las ventajas de que un país se haya formado por tanto inmigrante? Piensa en por lo menos 3 ventajas.

3. En EE.UU. celebramos el Día de Acción de Gracias. Haz una búsqueda en la red para investigar si algún otro país también celebra algo similar.

4. ¿Cuál es tu celebración favorita estadounidense? Explica por qué te gusta tanto celebrarla.

ANÉCDOTAS 1
UNIDAD 2

NOMBRE:
FECHA:

5. ¿En qué celebraciones participas que no son estadounidenses por origen, pero han llegado aquí gracias a los inmigrantes?

_____
_____
_____
_____

6. Explica por qué se le considera a un país "rico" al tener tanta multiculturalidad.

_____
_____
_____
_____

LA QUINCEAÑERA, ¿ES ALGO DE HOY O DEL PASADO?

A. *Palabras innovadoras:* llena el espacio con la palabra del cuadro que encaje en la frase y de la manera correcta.

| costumbres | reflector | elegantes | ceremonias | chambelán |

1. El enorme _____ se vuelve para seguir a los actores en escena.

2. Uno de los _____ hizo varios pasos improvisados durante la presentación.

3. La _____ religiosa se llevó a cabo a las 11:00 de la mañana.

4. El salón donde tuvo lugar el festejo era enorme y _____.

5. Se conoce como fiesta de XV años a la _____ proveniente de las grandes culturas precolombinas de México.

ANÉCDOTAS 1
UNIDAD 2

NOMBRE:
FECHA:

B. *Palabras de ampliación:* Vincula la palabra con su significado correspondiente. Después construye tu propia oración.

palabra	significado
remontarse	testimonio
precolombino	el momento de vida cuando un niño o niña madura
pubertad	regresar, retroceder en el tiempo a un momento del pasado
acatar	
privilegios	ventaja exclusiva o especial que goza alguien por medio de otra persona o circunstancia determinada
constancia	antes de la llegada de Colón
	Aceptar y cumplir una orden o una ley

Oraciones

1. _____
2. _____
3. _____
4. _____
5. _____

ANÉCDOTAS 1
UNIDAD 2

NOMBRE:
FECHA:

Preguntas de comprensión

C. Contesta las siguientes preguntas con una respuesta completa y detallada.

1. ¿Cómo debe ser el vestido que la quinceañera usa para esta ocasión especial?

2. ¿A quién le concede la quinceañera su primera pieza del baile?

3. ¿Cuál es la participación de las damas y chambelanes?

4. ¿Qué significado tiene el obsequiarle a la quinceañera rosas rojas?

5. ¿Cómo se manifestaba la entrada de las mujeres a la vida adulta dentro de la cultura precolombina?

ANÉCDOTAS 1
UNIDAD 2

NOMBRE:
FECHA:

6. ¿Cómo se realizaba el compromiso de matrimonio una vez cumplida esta edad para las chicas?

7. ¿Qué significa el vals en la celebración y cómo llegó a formar parte de este festejo?

D. Haz una comparación acerca de la celebración de los XV años. Vas a comparar los aspectos tradicionales y los que no son tradicionales que forman parte de la planificación de esta especial ceremonia. Señala todo lo presentado en el artículo que leíste.

Tradicional	No tradicional
1. En un salón elegante.	1. Compra de un auto.

41

LA ORTOGRAFÍA: LOS DOS PUNTOS

Los dos puntos (:) introducen algo relacionado con lo presentado justo antes, como ejemplos, enumeraciones, explicaciones, conclusiones, etc. Después de los dos puntos se escribe minúscula, excepto cuando introducen un enunciado en estilo directo.

Casos para su uso:

- Estilo directo
- Correspondencia
- Explicaciones
- enumeración
- títulos de obras
- las horas

- **Ej1:** Lo primero que me preguntó el alumno fue: "Maestra, ¿va a dejarnos tarea el fin de semana?"

- **Ej2:** Querido Marcos:
  Este fin de semana estaré ocupada: quiero terminar con todo mi trabajo de clase.

- **Ej3:** Para hacer mi pastel, necesito los siguientes ingredientes: harina, azúcar, mantequilla, huevos y leche.

- **Ej4:** Me iré a dormir a las 8:00 de la noche en punto.

A practicar…

Vuelve a escribir las oraciones de nuevo colocando dos puntos para corregirlo.

1. Mi mamá me compró dos libros, unos lápices de colores, un cuaderno y una carpeta.

_____

2. Querida Cristina te escribo para contarte lo que me pasó ayer…

_____

ANÉCDOTAS 1
UNIDAD 2

3. La maestra gritó con felicidad "¡Por fin, se acercan las vacaciones de verano!"

_____

4. La oficina del dentista está abierta de lunes a viernes de 800 a.m. a 500 p.m.

_____

5. Los puntos cardinales son los siguientes norte, sur, oriente y occidente.

_____

ANÉCDOTAS 1
UNIDAD 2

NOMBRE:
FECHA:

LOS IDIOMAS SON UNA RIQUEZA

A. Una reflexión personal...

1. ¿Te consideras bilingüe?

_____

2. ¿Qué idiomas hablas?

_____

B. Lee las siguientes preguntas y encierra el idioma de tu elección.

3. ¿Qué idioma seleccionas para hablar en casa con tus padres?	inglés	español
4. ¿Qué idioma eliges para comunicarte con tus hermanos?	inglés	español
5. ¿Por qué idioma optas al conversar con tus amigos?	inglés	español
6. ¿En qué idioma escuchas música?	inglés	español
7. ¿En qué idioma piensas?	inglés	español

ANÉCDOTAS 1
UNIDAD 2

NOMBRE:
FECHA:

8. Después de analizar tus respuestas a estas preguntas, ¿crees que verdaderamente eres bilingüe?

9. Según el artículo, ¿cuáles son las ventajas de ser bilingüe?

10. ¿Quieres que tus hijos sean bilingües? ¿Por qué sí o por qué no?

11. ¿Cómo beneficia al mundo que las personas sean bilingües, trilingües o hasta políglotas?

45

ANÉCDOTAS 1
UNIDAD 2

NOMBRE:

FECHA:

LA NECESIDAD DE DOMINAR DOS IDIOMAS

A. *Palabras innovadoras:* reemplaza la palabra subrayada y en negrilla con una palabra del cuadro que tenga el mismo significado que la palabra escrita.

residen	simultáneamente	políglota	sostenido	influencia

1. Mis padres salieron de vacaciones a los Alpes Suizos y **al mismo tiempo** mis tíos viajaron a Las Bahamas.

2. Hay millones de hispanohablantes que **viven** en Estados Unidos.

3. Mi mejor amigo es **multilingüe** y su trabajo le permite viajar por varios países.

4. El juez no tuvo ninguna **repercusión** sobre las decisiones del jurado.

5. El porcentaje del crecimiento hispano en Estados Unidos se ha **mantenido** en creciente en las últimas décadas.

ANÉCDOTAS 1
UNIDAD 2

NOMBRE:
FECHA:

B. *Palabras de ampliación:* con la ayuda de un diccionario o una búsqueda en la red escribe la definición de cada una de las palabras y después úsala en una oración de tu propia creación.

1. Arrendamiento

2. Desempeñar

3. Moldear

4. Literato

5. Autodidacta

6. Ejemplificar

ANÉCDOTAS 1
UNIDAD 2

NOMBRE:
FECHA:

Preguntas de comprensión

C. Contesta las siguientes preguntas con una respuesta completa y detallada.

1. ¿Cuál es la cantidad de hispanohablantes estimada que residen en Estados Unidos?

2. ¿En qué se constituye la demanda por los hispanos, es decir, hacia dónde se orienta?

3. ¿En dónde tienen presencia los latinos en Estados Unidos?

4. Escribe tres datos de Jorge Luis Borges.

5. ¿Cómo le benefició a Jorge Luis Borges el ser políglota?

6. ¿Cuáles son tus propias ventajas de ser bilingüe?

7. ¿Crees que te interesaría aprender, además del español, otro idioma? Explica cuál y por qué.

ANÉCDOTAS 1
UNIDAD 2

NOMBRE:
FECHA:

LAS LETRAS HABLAN – UNA INTRODUCCIÓN A LA CONJUGACIÓN: EL TIEMPO PRESENTE

A. ¡Es tu turno! Completa las siguientes cinco oraciones conjugando en el tiempo presente los verbos regulares en paréntesis. Utiliza los pronombres reflexivos si es necesario.

> **Ejemplo**: Muchos no se interesan (interesarse) por entender otras culturas.

1. Mi prima _____ (cumplir) quince años hoy.
2. Pocos _____ (saber) lo difícil que es decidir si quieres una fiesta o no.
3. En las fiestas todos _____ (soñar) con una celebración perfecta.
4. No todos _____ (necesitar) celebrar con una fiesta, algunos prefieren sólo regalos.
5. Nosotros _____ (preparar) con mucho tiempo.

B. Cambia los verbos en paréntesis al presente y escribe el pronombre personal antes de los verbos que se te indiquen en negrillas.

> **Ejemplo**: Los niños bilingües aprenden (aprender) con mayor facilidad. **Ellos** disfrutan el aprendizaje diario.

1. Miguel _____ (saber) que aprender varias lenguas le abrirá más puertas. ___ **entiende** el valor de ser bilingüe.
2. Lucía y Berenice _____ (comprender) el potencial de ser políglota. Por ese motivo, _____ **intentan** conseguir becas universitarias.
3. La facilidad de palabra ___ (ser) una gran herramienta para los jóvenes. ___ **me esfuerzo** cada vez más para tener esta habilidad.
4. Mis abuelos no _____ (hablar) Inglés, sin embargo, nos motivan a mi hermano y a mí para que _____ **progresemos**.

Un reto…

C. Escribe cinco oraciones en el tiempo presente que expliquen los pasos que puedes seguir para aprender una nueva lengua.

1. _____
2. _____
3. _____
4. _____
5. _____

ANÉCDOTAS 1
UNIDAD 2

NOMBRE:
FECHA:

D. Usando el tiempo presente, da una buena descripción sobre cómo va tu año escolar y cuáles son tus metas a largo plazo. Subraya los verbos en el tiempo presente y utiliza un mínimo de 5 verbos.

ANÉCDOTAS 1
UNIDAD 2

NOMBRE:
FECHA:

MÉXICO: UN VIAJE POR EL MUNDO

Ya has leído sobre el imponente país de México y has completado las actividades (1-3) de tu texto. Ahora será tu oportunidad de plasmar tus conocimientos en una obra artística.

A. Enlista tres productos culturales mexicanos.

1. _____   2. _____   3._____

Toma unos lápices de color o crayolas y selecciona 5 colores que te recuerden a México.

En tu opinión, ¿cuál es la celebración mexicana por excelencia? (La más importante o tal vez la que te guste más) Explica.

_____
_____
_____
_____

Ahora escribe tres palabras que se han quedado en tu mente después de leer: Un viaje por el mundo: México.

B. Ahora en el siguiente recuadro plasma un dibujo/ ilustración que contenga toda la información de la sección anterior.

ANÉCDOTAS 1
UNIDAD 2

NOMBRE:
FECHA:

LA FÁBULA: *DOS CABRAS*

A. Llena el siguiente gráfico.

¿Qué es una fábula?	
¿Cuáles son sus orígenes?	
¿Cuáles son las características de una fábula?	

Las dos cabras

B. Después de leer la fábula dibuja las escenas en este cartelón y explica lo que ocurre en cada una de ellas.

53

ANÉCDOTAS 1
UNIDAD 2

NOMBRE:
FECHA:

C. Las siguientes son características de una fábula. Coloca una ✓ en todas las que apliquen a *Las dos cabras*.

☐ relato corto

☐ los personajes son animales

☐ presenta los defectos humanos

☐ tiene una moraleja

☐ es didáctica

☐ tiene un narrador observador

ANÉCDOTAS 1
UNIDAD 2

NOMBRE:
FECHA:

LAS CREENCIAS POPULARES

Preguntas de comprensión

A. Responde a las siguientes preguntas con la información del artículo.

1. De acuerdo con el artículo, ¿de dónde provienen las creencias populares?

2. ¿A qué le llaman "un retazo de información" y por qué?

3. Existen algunas creencias populares como: "no camines debajo de una escalera porque es de mala suerte" o "no te barran los pies porque se te va el dinero". Menciona tú otras dos creencias que hayas escuchado en casa.

4. Los remedios caseros forman parte de las creencias populares. ¿Creciste con remedios caseros? ¿Cuáles?

5. ¿Por qué es importante pertenecer a una comunidad? ¿Qué se aprende de ella?

6. Las creencias también forman parte de la "moral" de ciertas comunidades o sociedad. ¿Crees que estas creencias deben cambiar o hayan cambiado con las nuevas generaciones? ¿Por qué?

ANÉCDOTAS 1
UNIDAD 2

NOMBRE:
FECHA:

Creencias populares
Busca las siguientes palabras en la Sopa de palabras.

```
G N J X U Ó R Ó É Ñ X C F Y X J Ú J A X
H H S T N Ó E Ü B É O L N W Y G W N B C
Ü L U N H Z M G U M A Á É T Ó S Z R F H
Ñ A P T H X E G U M C I E R H B D N T R
I G J A R I D N L D C U J J Ú A Y D S
P S I O D Á I Q Ñ E Y O E I J L U Q R R
Ó T Ú G V D O X O W C X R T D U A I C N
U L W D A Z S L G M R V U Í A I R I S M
X M D D Ó N O R M A T I V A S Ñ C H R A
M G Z I D G T X Z L Y Q M F X S L W P A
B M G Ú I Ó N N J P J U X I N M P V C S
B F I A L Z L X É H O T X M J Z H M B H
K S S S D I L F Y J X P H V R K Y G Í U
S H P D O R U A N K D X U V N E Ó U E D
S E R L E C X Q F X D W V L N R O H E S
K H L W Y N I W J N X G É T A A Á D U T X
C Z S A I C N E E R C N Q Ú S R L P B D
G É N E R O S L D N E H Í R Q Z E Z X Ó
T B X D Z O Ü Q A A W V Z S R S Q S W Á
M Y Ñ C Q O M S É R D J Y S A P J U W R
```

IDEOLOGÍAS
CREENCIAS
POPULARES
MORALES
REMEDIOS
GÉNERO
COMUNIDAD
SOCIEDAD
NORMATIVAS

ANÉCDOTAS 1
UNIDAD 2

NOMBRE:
FECHA:

¿EL MAESTRO LA TIENE FÁCIL?

A. *Palabras innovadoras:* Busca la definición que corresponda para las siguientes palabras:

_____ 1. aprendizaje
_____ 2. complejo
_____ 3. crecimiento
_____ 4. estadísticas
_____ 5. sociedad

a. datos cuantitativos, conjunto de datos

b. acción y efecto de crecer y desarrollarse física, intelectual y emocionalmente

c. acción y efecto de aprender sobre un tema, oficio, rama, etc.

d. conjunto de personas, pueblos, naciones que viven siguiendo normas comunes

e. complicado, difícil

Ahora que ya tienes la definición de las palabras escribe una oración compuesta que tenga por lo menos 3. Puedes incluirlas todas mientras que tu oración tenga sentido.

_____
_____
_____

57

ANÉCDOTAS 1
UNIDAD 2

NOMBRE:
FECHA:

B. *Ampliación de vocabulario:* Lee de nuevo el artículo y busca estas palabras en contexto. Después de leer, llena los espacios con la palabra correcta. Puedes cambiar la forma de la palabra.

| erróneo | abstenerse | partícipe | vacantes | magisterio |

1. Gracias a que existen las vacaciones de verano se pueden llenar las _____ en las escuelas.

2. La mayoría de la sociedad tiene un concepto _____ del trabajo que desempeña un maestro.

3. "Yo quiero que Juanito se _____ de decir malas palabras, pero él es _____ de esa mala conducta y muchas otras travesuras escolares".

4. Es un hecho que con el paso de los años existen menos y menos universitarios que eligen el _____ como profesión.

ANÉCDOTAS 1
UNIDAD 2

NOMBRE:

FECHA:

C. Aplicación: Al leer el artículo te diste cuenta de muchos datos sobre el magisterio que no sabías. En la copa del árbol escribe todos los datos que sabías sobre los maestros. En la parte subterránea (las raíces) escribe datos que ignorabas sobre esta profesión.

D. Agradecimiento: Piensa en un docente que ha impactado tu vida. Imagina que tienes un minuto para agradecerle todo lo que ha hecho por ti. ¿Qué le dirías? Escribe tu mensaje.

_____

_____

_____

59

ANÉCDOTAS 1
UNIDAD 2

ORTOGRAFÍA: EL PUNTO Y COMA

> Usos:

1. Separa los elementos de una enumeración en expresiones complejas que incluyen comas:

   Ej. Les di la descripción de mi equipo de trabajo: Marian Gutiérrez, la jefa administrativa; Antonio Albarrán, el supervisor financiero; Mireya Domínguez, la directora de investigación; y Juvenal Martin, el supervisor de campo.

2. Para separar oraciones sintácticamente independientes entre las que existe una estrecha relación semántica, es decir, de significado:

   Ej. Los estudiantes estaban muy felices; se enteraron de que habían pasado el examen de cálculo.

3. Se escribe punto y coma **delante** de conectores de sentido adversativo, concesivo o consecutivo, como: pero, mas, aunque, sin embargo, por tanto, por consiguiente, etc., cuando las oraciones que encabezan tienen cierta longitud:

   Ej. El cantante se sintió muy mal debido a la gripe que sufrió; por lo tanto, todas sus presentaciones han sido canceladas.

> Ahora es tu turno…

Lee las siguientes oraciones y coloca el **punto y la coma** donde le corresponda:

1. El trabajo del maestro no es fácil es difícil.

2. Los profesores no pueden bajar la guardia tienen muchas cosas que controlar.

3. Contraté tres maestros nuevos: Amanda, excelente en matemáticas Pedro, un genio en ciencia Margarita excelente en francés.

4. El magisterio merece sus vacaciones no merece críticas de la sociedad.

5. Los maestros deben enseñar también deben controlar el comportamiento estudiantil.

6. Me gusta mucho enseñar es mi pasión.

ANÉCDOTAS 1
UNIDAD 2

NOMBRE:

FECHA:

MI PAPEL EN LA SOCIEDAD

1. Según el artículo, ¿de qué depende el papel que una persona desempeña en la sociedad?

   _____

   _____

2. ¿Qué debe existir entre un individuo y su comunidad dentro de la sociedad?

   _____

   _____

3. Fijándote en tu comunidad ahora, ¿qué dirías que hace falta? ¿A quiénes no se está apoyando?

   _____

   _____

4. Al grupo que mencionaste en la pregunta anterior, ¿qué se puede o qué se debe hacer para apoyar a este o estos grupos?

   _____

   _____

ANÉCDOTAS 1
UNIDAD 2

NOMBRE:

FECHA:

5. Piensa en tu comunidad escolar y llena el gráfico a continuación con la información que mejor llene cada sección de acuerdo con lo que cada individuo o grupo aporte:

educación:	religión:	características:	origen:

ANÉCDOTAS 1
UNIDAD 2

NOMBRE:
FECHA:

EL PERIODISMO Y SU PAPEL EN LA SOCIEDAD

A. *Palabras innovadoras:* Escribe una ✓ si la oración utiliza correctamente la palabra del vocabulario y una ✗ si la oración utiliza incorrectamente la palabra de vocabulario.

_____ 1. Me encanta ver el programa **matutino** a las 5 de la tarde con Juan Sánchez.

_____ 2. Es importante una buena **interacción** con los medios cuando se es periodista.

_____ 3. Mi padre siempre está conectado a los **medios digitales;** nunca deja ni la radio ni la televisión.

_____ 4. Uno tiene que saber de **vocación** para poder escribir reportajes periodísticos.

_____ 5. ¡Necesito **redactar** el artículo para mañana; el jefe lo pide ya!

B. *Ampliación de vocabulario:* Busca la definición de las palabras en la columna A y úsalas para escribir una oración original con las de la columna B.

Columna A	Definición	Columna B
1. testigo		interacción
2. corresponsal		redactar
3. fallecer		matutino
4. ejercer		vocación
5. intriga		medios digitales

ANÉCDOTAS 1
UNIDAD 2

NOMBRE:
FECHA:

1. _____
2. _____
3. _____
4. _____
5. _____

A considerar...

C. Después de leer el artículo considera cuáles son las satisfacciones y los peligros que corre un periodista.

Satisfacciones	Peligros

ANÉCDOTAS 1
UNIDAD 2

NOMBRE:
FECHA:

> **A observar...**

D. Tu misión es ver el noticiero de la tarde o de la noche. Concéntrate en hacer observaciones de un solo corresponsal. Contesta las siguientes preguntas.

1. ¿De qué trató el reportaje?

   _____
   _____

2. ¿Cuáles fueron los hechos? ¿Hubo consecuencias?

   _____
   _____

3. ¿Cómo utiliza el corresponsal su voz?

   _____
   _____

4. ¿Qué equipo le ayuda a desempeñar su trabajo?

   _____
   _____

5. ¿Cómo debe presentarse en cuanto a su vestimenta?

   _____
   _____

ANÉCDOTAS 1
UNIDAD 2

NOMBRE:
FECHA:

LAS LETRAS HABLAN - LA CONJUGACIÓN: EL PRESENTE PROGRESIVO

Elige la opción correcta para completar estas oraciones en presente progresivo (continuo).

> **Ejemplo:** *La escuela moderna <u>está preparando</u> (están preparando/está preparando) el futuro de la nación.*

1. La mayoría de los estudiantes _____ (está experimentando/esta exprimentando) una transformación en su modo de aprender.

2. La juventud _____ (está siendo/está haciendo) bombardeada con demasiada información.

3. Los estudiantes y maestros _____ (están trabajando/estan trabahando) juntos para enfrentar los nuevos retos que se les presentan.

4. Lo cierto es que muchos _____ (están criticando/estoy criticando) duramente a los involucrados aunque no están muy enterados del tema.

5. Nosotros nos _____ (estamos convirtiendo/estamos consiguiendo) más, para así aprender lo necesario para sacar adelante el trabajo que esté delante de nosotros.

ANÉCDOTAS 1
UNIDAD 2

NOMBRE:
FECHA:

Practiquemos más...

Cambia los siguientes verbos al presente progresivo.

> **Ejemplo:** *Las ciencias de la comunicación <u>están siendo</u> tomadas como un elemento fundamental en esta era digital.*

1. La sociedad ahora _____ (disfrutar) una abundancia de informacion por varios medios.

2. Yo soy muy extrovertido y _____ (estudiar) una carrera relacionada al periodismo.

3. En ocasiones, el hecho de tener más medios masivos de comunicacion, nos _____ (dar) información que puede ser falsa.

4. La verificación de las fuentes informativas se _____ (convertir) en un hecho cotidiano a leer artículos periodísticos.

5. Me mantengo bien informado y _____ (notar) que el acceso a más y mejor información me puede ayudar a entender mejor el mundo a mi alrededor.

Utiliza el presente progresivo para describirnos lo que estás haciendo hoy para crear buenos hábitos de estudio. Ejemplo: *Estoy limitando mi tiempo frente al televisor.*

1. _____

2. _____

3. _____

ANÉCDOTAS 1
UNIDAD 2

NOMBRE:

FECHA:

COLOMBIA: UN VIAJE POR EL MUNDO

1. De acuerdo con el artículo, ¿de dónde proviene el nombre de Colombia?

_____

_____

2. ¿Qué leyenda atrajo a muchos conquistadores a la tierra de Colombia?

_____

_____

_____

3. En Colombia se come un manjar que es la "salsa de hormiga." Haz una búsqueda de por lo menos otros dos lugares en Sudamérica en donde existe un platillo de insectos y menciona el país y el platillo.

_____

_____

4. Investiga y llena el siguiente cuadro con la información requerida:

Ciudades importantes	Población y extensión terrenal
Grupos e idiomas	**Monumentos históricos**

COLOMBIA

ANÉCDOTAS 1
UNIDAD 2

NOMBRE:

FECHA:

LA FÁBULA: *EL PATO Y LA SERPIENTE*

A. Según el pato, ¿cómo era su persona? Escribe todos sus "atributos" alrededor de la imagen.

69

ANÉCDOTAS 1
UNIDAD 2

NOMBRE:
FECHA:

B. Preguntas de comprensión

1. ¿Por qué es de importancia lo que le dice la serpiente al pato?
_____
_____

2. ¿Has conocido a alguien que actúe como el pato? Explica.
_____
_____

3. Sí tú fueras un animal que formara parte de esta fábula, ¿serías amigo de la serpiente o del pato?
_____
_____

4. ¿Cómo le explicarías esta moraleja a un grupo de niños de 6 años?
_____
_____

5. Resume la fábula en 3 hashtags.

#_____   #_____   #_____

CONTEMPLANDO EL ARTE COMO INFLUENCIA EN LA VIDA

UNIDAD 3

ANÉCDOTAS 1

ANÉCDOTAS 1
UNIDAD 3

NOMBRE:
FECHA:

Introducción

CONTEMPLANDO EL ARTE COMO INFLUENCIA DE LA VIDA

A. Ejercicio de comprensión: contesta lo siguiente.

1. De acuerdo con el diccionario y la lectura de introducción, ¿cuál es la definición de arte?

2. ¿Cuál es la clasificación de las bellas artes?

3. ¿Cómo se define la estética en el arte? ¿Cómo se determina si una obra de arte es bella?

4. ¿Cómo se valora una obra de arte? ¿Cómo se sabe cuánto vale una pieza de arte?

5. Provee datos de los siguientes artistas y su obra:

   a) Jeff Koons _____

   b) Wilfredo Prieto _____

   c) Guillermo Vargas _____

ANÉCDOTAS 1
UNIDAD 3

NOMBRE:
FECHA:

B. Un interés local. Haz una búsqueda sobre una de las atracciones de tu museo local, de tu ciudad o de tu estado y contesta las siguientes preguntas.

1. ¿Cuál es la obra que más sobresale del museo y por qué es interesante?
   _____

2. Describe el género (pintura – de óleo o sobre lienzo, escultura…).
   _____

3. ¿Cuál es su valor artístico, cultural o histórico?
   _____

4. ¿De qué manera es esta obra característica de tu comunidad, ciudad o estado?
   _____

C. Frase célebre. En el artículo de introducción se te dio la oportunidad de leer algunas frases célebres sobre el arte de varias celebridades. Ahora te toca a ti. Elabora tu propia frase célebre sobre el arte tomando en cuenta lo leído en el texto, pero también tu propia experiencia. Deja volar tu imaginación y sé breve. Lo puedes lograr muy bien en una sola oración o dos.

_____

ANÉCDOTAS 1
UNIDAD 3

NOMBRE:
FECHA:

EL PODER DE LAS PALABRAS

A. Escribe un párrafo usando tus propias palabras donde describas cuál es el poder de las palabras en los siguientes términos sociales:

1. La política:

2. Los eventos de televisión:

3. Las redes sociales:

B. Haz una búsqueda en el Internet para dar una respuesta a las siguientes preguntas o situaciones.

1. Si fueras un gran escritor que puede organizar palabras de una forma muy avanzada, ¿dónde podrías encontrar un trabajo? ¿Qué negocio podrías comenzar? Explica tu respuesta usando un gran número de detalles.

2. Si fueras una de las mejores personas dando presentaciones orales y la forma en que pones tus palabras convencen a todo el mundo de tu mensaje, ¿cuáles son las mejores opciones laborales que podrías escoger? Da una descripción detallada.

GABRIEL GARCÍA MÁRQUEZ: PREMIO NOBEL DE LA LITERATURA

1. ¿Quién es el "Gabo" y por qué vive en la memoria de muchos?

_____

2. ¿Cómo obtiene su fama y con qué libro?

_____

3. Antes de ser escritor, ¿qué estudió y por qué?

_____

4. ¿Por qué decide Gabriel García Márquez (GGM) irse a vivir a París?

_____

5. ¿Cómo es que puede vivir ahí sin trabajar? ¿Quién le patrocina parte de su alojamiento y por qué?

_____

6. ¿Qué padece durante su estancia en París?

_____

7. Nombra dos trabajos que hizo para sustentarse.

_____

ANÉCDOTAS 1
UNIDAD 3

NOMBRE:

FECHA:

8. Después de París, ¿a dónde viaja GGM y por qué?

_____

9. ¿A qué otro país sudamericano regresa después de Europa y con qué motivo?

_____

10. Después de intentar varios empleos que no le convencen, GGM decide dejar de trabajar para escribir su obra maestra, ¿crees que valió la pena? ¿Por qué?

_____

ANÉCDOTAS 1
UNIDAD 3

NOMBRE:
FECHA:

A. Ampliación de vocabulario: busca las definiciones de cómo se usan las siguientes palabras en este artículo y llena el gráfico con la información requerida.

Palabra	Función	Definición	Oración original
Ejemplo - *promedio*	adjetivo	Término que reúne todas las características de la media poblacional (average).	Tomás es una persona <u>promedio</u> ya que está a gusto y conforme con su vida y no busca más.
adquirir			
corresponsal			
formarse			
ingresos			
intriga			
tiraje			

77

ORTOGRAFÍA: LOS SIGNOS DE EXCLAMACIÓN

Lee las siguientes oraciones y escríbelas de nuevo incluyendo sus signos de exclamación.

1. Ella no sabe hacer su tarea de español. Ayúdale.

2. Estamos estudiando las obras de Gabriel García Márquez. Qué bueno.

3. Madre. Mira mi dibujo.

4. Soy buenísima para la pintura, pero soy muy lenta.

5. Caramba. JK Rowling es millonaria.

6. Qué suerte. Gané el concurso con mi ensayo.

7. Qué lástima. Nosotros pensábamos que te gustaba el arte.

8. María. Pronto. Juanito pintó la pared.

9. Qué bárbaro. Estás por terminar tu tarea.

10. Priscilla, tiraste la pintura.

11. Auxilio. Me ahogo en tarea.

12. Muchacho. Terminaste tu trabajo.

**ANÉCDOTAS 1
UNIDAD 3**

NOMBRE:
FECHA:

LA EVOLUCIÓN DEL ARTE DE LA ACTUACIÓN Y EL CINE

Preguntas de comprensión

A. Contesta lo siguiente usando respuestas completas.

1. ¿Cuándo se logró el invento del cine, el séptimo arte?
   _____

2. ¿En qué año se sustituyó el cine a blanco a negro, por color en su totalidad?
   _____

3. ¿Qué es la animación y cómo se ha perfeccionado?
   _____

4. Explica la innovación de la técnica del croma:
   _____

5. ¿Qué opinión tienes del cine como una rama más dentro de las bellas artes? ¿Crees que sea merecido su lugar dentro de las artes?
   _____

B. Da un ejemplo de una película y el año en que se exhibió de acuerdo al género.

    1. Acción _____

    2. Aventuras _____

    3. Ciencia ficción _____

    4. Comedia _____

    5. Drama _____

    6. Horror _____

ANÉCDOTAS 1
UNIDAD 3

NOMBRE:
FECHA:

C. De la lista anterior, ¿cuál es tu género favorito y por qué?, ¿cuál es tu película favorita y por qué? Usa parte del vocabulario utilizado en el artículo.

_____

_____

_____

_____

ANÉCDOTAS 1
UNIDAD 3

NOMBRE:
FECHA:

¿HOLLYWOOD O MONEYWOOD?

A. *Ampliación de vocabulario:* busca la definición de las siguientes palabras y encuentra su imagen correspondiente.

Palabra	Definición
1. acreditada	
2. vinculado	
3. mediocre	
4. regional	
5. venerable	
6. taquilla	
7. recaudación	
8. guion	

1. _____
2. _____
3. _____
4. _____
5. _____
6. _____
7. _____
8. _____

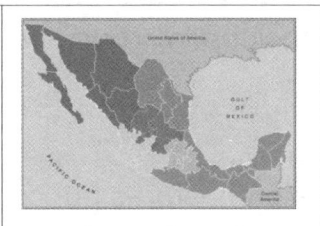

81

ANÉCDOTAS 1
UNIDAD 3

NOMBRE:
FECHA:

> **A considerar...**

B. Contesta las siguientes preguntas.

1. Según el artículo, ¿cuál es el vínculo con el cine? Da ejemplos.
_____
_____

2. Cuando una película se considera mediocre, ¿puede obtener alguna premiación?
_____
_____

3. ¿Por qué se dice que Estados Unidos domina el mundo del cine?
_____
_____

4. Menciona otros países que vienen detrás de EE.UU. en el dominio del cine.
_____
_____

5. De acuerdo con el artículo, ¿qué otros países han surgido para el cine? ¿Qué nombre llevan y por qué?
_____
_____

6. Éstos que has mencionado, ¿qué tipo de películas producen y por qué?
_____
_____

7. Nombra dos o tres productoras principales del cine. ¿Sabes en dónde se encuentran? Si no, haz una búsqueda para que lo anotes aquí también.
_____
_____

8. Nombra ahora dos de las películas de este artículo que han recaudado mucho dinero en la taquilla. Haz una búsqueda de otras dos más recientes.
_____
_____

ANÉCDOTAS 1
UNIDAD 3

NOMBRE:
FECHA:

LAS LETRAS HABLAN - LA CONJUGACIÓN: EL TIEMPO PRETÉRITO

A. Conjuga estos verbos en el pretérito para describir lo que pasó en las siguientes oraciones. Hay algunos verbos reflexivos que requieren cambios.

Ella soñó (soñar) con triunfar y se cumplieron (cumplirse) sus metas.

1. El cine _____ (convertirse) en una industria millonaria y que _____ (crear) muchos empleos desde sus inicios.
2. Las salas de cine _____ (reunir) a todas las clases sociales. Esto ____ (ser) algo muy novedoso a principios del siglo XX.
3. El agregar sonido a las películas _____ (convertir) al cine en todo un éxito.
4. Esta industria siempre _____ (caracterizarse) por invertir grandes sumas. Aunque algunos directores ya _____ (hacer) grandes películas sin mucho presupuesto.
5. Muchos actores _____ (trabajar) arduamente en su carrera y _____ (prepararse) para ser directores de cine.
6. Me imagino que muchos no _____ (imaginar) que esta industria se convertiría en un negocio global multimillonario.

B. Cambia los siguientes verbos al pretérito. Algunos son verbos irregulares. Cambia los verbos reflexivos según corresponda.

Los actores estuvieron (estar) trabajando y no les dio (dar) por quejarse.

1. Gabriel García Márquez _____ (construir) un mundo mágico en sus cuentos y nos _____ (otorgar) un escape de la realidad.
2. Él _____ (escribir) una de sus mejores novelas en México.
3. Aunque _____ (nacer) en Colombia, también _____ (vivir) en Francia.
4. Muchas veces _____ (sufrir) para conseguir lo que quería, pero no _____ (dejar) de escribir.
5. Este gran escritor _____ (morir) hace algunos años y nos _____ (heredar) un gran número de libros que _____ (saber) escribir con pasión y dedicación.

ANÉCDOTAS 1
UNIDAD 3

¡Cuéntanos cómo te fue la semana pasada!

C. Escribe diez oraciones en las que nos expliques qué hiciste en la semana que pasó. Subraya todos los verbos en pretérito que utilices.

1. _____
2. _____
3. _____
4. _____
5. _____
6. _____
7. _____
8. _____
9. _____
10. _____

ARTE

Usa tu imaginación:

D. Escribe dos párrafos con cinco verbos en el pretérito para cada uno, donde describas el momento en el que conociste a un escritor famoso. Usa tu imaginación si es necesario y subraya los verbos en el pretérito.

❯ **Ejemplo:** _Miré_ con felicidad a Isabel Allende cuando finalmente la _**conocí**_ el año pasado.

ANÉCDOTAS 1
UNIDAD 3

NOMBRE:

FECHA:

CHILE: UN VIAJE POR EL MUNDO

Después de haber aprendido un poco sobre el hermoso país de Chile, llena el gráfico con la información requerida.

Producto chileno	Perspectiva chilena	Práctica chilena

Ahora, haz una búsqueda en la red sobre Chile. Te recomendamos los siguientes sitios:

1. 23 cosas que no sabías de Chile: https://www.youtube.com/watch?v=ggf42f505r0
2. Conoce Chile: Tradición y Cultura Chile: https://www.youtube.com/watch?v=ggf42f505r0
3. Bienvenidos a Chile: https://www.youtube.com/watch?v=V_UuDtczajs

Escribe aquí una reflexión y asegúrate de incluir lo que has aprendido en cuanto a la cultura chilena. ¿Qué aprendiste? ¿Qué te sorprendió?

ANÉCDOTAS 1
UNIDAD 3

NOMBRE:
FECHA:

EL POEMA: *AMOR ETERNO*

Aquí tienes un ejemplo de otro poema para que practiques lo aprendido en tu texto. ¿Te acuerdas?

La métrica es la medida del verso, consiste en encontrar el número de sílabas.

La rima es la semejanza que hay al final de cada verso, a partir de la última sílaba tónica.

El ritmo es la musicalidad del verso, al distribuirse los acentos. Se puede prescindir de la métrica y la rima, pero no del ritmo, porque sin él los versos resultarían sin armonía y ásperos al oído.

CANCIÓN DEL JINETE

Poema de Federico García Lorca

Córdoba.
Lejana y sola.

Jaca negra, luna grande,
y aceitunas en mi alforja.
Aunque sepa los caminos
yo nunca llegaré a Córdoba.

Por el llano, por el viento,
jaca negra, luna roja.
La muerte me está esperando
desde las torres de Córdoba.

¡Ay qué camino tan largo!
¡Ay mi jaca valerosa!
¡Ay que la muerte me espera,
antes de llegar a Córdoba!

Córdoba.
Lejana y sola.

**ANÉCDOTAS 1
UNIDAD 3**

NOMBRE:
FECHA:

Contesta lo siguiente:

1. ¿Por qué no quiere llegar a Córdoba el poeta?
   _____

2. ¿Qué simbolizan los colores negro y rojo en este poema?
   _____

3. ¿Cuál es el propósito de los primeros dos versos?
   _____

4. ¿Cuántas estrofas tiene el poema? ¿Cuántos versos hay en cada estrofa?
   _____

5. ¿Hay rima en el poema? ¿Es la rima consonante o asonante?
   _____

ANÉCDOTAS 1
UNIDAD 3

NOMBRE:
FECHA:

EL NEGOCIO DEL ARTE Y SU ABUNDANCIA

A. Verdadero o Falso - Indica con una **V** si la frase es verdadera y con una **F** si es falsa. Corrige las oraciones falsas para que sean verdaderas.

_____ 1. Muchos artistas viven de su talento.
_____

_____ 2. Los artistas son ricos y tienen mucho dinero.
_____

_____ 3. Algunos artistas se hacen ricos después de su muerte.
_____

_____ 4. "La noche estrellada" es una obra de Pablo Picasso que creó estando sano.
_____

_____ 5. Sólo hay una forma de arte y no es versátil.
_____

Preguntas de comprensión

B. Contesta lo siguiente usando respuestas completas.

6. ¿Cómo han iniciado algunos artistas su carrera en el arte?
_____

7. ¿Qué requiere la profesión artística para crecer y perdurar como tal?
_____

8. ¿Cómo puede un artista hoy en día dar a conocer su talento?
_____

ANÉCDOTAS 1
UNIDAD 3

NOMBRE:
FECHA:

EL PINTOR CON UNA HISTORIA EN SUS MANOS

A. *Palabras Inovadoras:* Coloca una 🙂 si la oración usa la palabra correctamente y una 🙁 si la palabra se usa incorrectamente. Si la oración presenta un mal uso de la palabra escribe una oración que remedie este error.

_____ 1. Debes tener talento para tener una carrera **artística** duradera.

Oración alterna _____

_____ 2. Eres muy **tenaz**. Siempre estás en el sillón viendo series.

Oración alterna _____

_____ 3. El **escultor** viajó a Marte para arreglar el rover.

Oración alterna _____

_____ 4. Para sobresalir en la vida el **talento** es tan importante como la dedicación.

Oración alterna _____

_____ 5. Picasso no tenía **personalidad** cuando inició su carrera.

Oración alterna _____

ANÉCDOTAS 1
UNIDAD 3

NOMBRE:
FECHA:

> **B. *Ampliación de vocabulario:*** Lee la definición de las siguientes palabras y escribe una oración con ellas y con las que se presentan en el paréntesis.

vastísima: de gran extensión, de gran variedad (artística)	**trascender:** hacerse conocer, obtener popularidad (talento)	**sarcástica:** dicho irónico o cruel, burla (personalidad)	**Consumo:** utilizar o gastar, comprar (escultor)	**limitaciones:** impedimentos, restricciones (tenacidad)

1. _____
2. _____
3. _____
4. _____
5. _____

91

ANÉCDOTAS 1
UNIDAD 3

NOMBRE:
FECHA:

C. Vamos a hablar ahora de hechos y opiniones. Un hecho es algo verdadero que se puede comprobar. Una opinión es información subjetiva (expresa sentimientos y pensamientos) y no se puede comprobar.

Llena la siguiente tabla con hechos y opiniones del artículo.

Recuerda: la subjetividad casi siempre se puede descubrir por medio del uso de los adjetivos.

Hechos	Opiniones

ANÉCDOTAS 1
UNIDAD 3

NOMBRE:
FECHA:

A reflexionar…

Al poner en balance los hechos y las opiniones, se puede detectar el propósito del autor.

A. ¿Cuál es el propósito del autor?
_____

B. Llena los blancos de esta oración según lo que aprendiste del artículo:

A pesar de que _____, Pablo Picasso _____
_____

ANÉCDOTAS 1
UNIDAD 3

NOMBRE:
FECHA:

ORTOGRAFÍA: LOS SIGNOS DE INTERROGACIÓN

A repasar...

La función principal de los signos de interrogación de apertura y cierre es dejar en claro cuál parte del texto es el interrogativo. Su fin es hacer evidente la pregunta o duda directa.

1. Los signos de interrogación se usan al usar expresiones interrogativas como: ¿Qué? ¿Quién? ¿Cómo? ¿Cuándo? ¿Dónde?

2. Los signos de interrogación siempre inician y cierran una pregunta, es por eso que se debe leer bien la oración en cuestión.

Lee las siguientes oraciones y escríbelas de nuevo usando los signos de puntuación donde deben ir.

A. Dónde nació Pablo Picasso?
___

B. Mario, crees en el amor eterno
___

C. La poesía de Gustavo Adolfo Bécquer es muy buena, no crees tú
___

D. Picasso fue uno de los artistas plásticos más famosos del mundo, verdad
___

E. Ana y Norma van a leer el poema, qué harán ustedes
___

F. José Manuel, comprarías castillos para almacenar tus obras si fueras un pintor
___

G. Perdón, Sr. Salazar, cuánto cuesta su libro
___

H. Vivi, por qué no eres una niña normal
___

ANÉCDOTAS 1
UNIDAD 3

NOMBRE:
FECHA:

LAS MELODÍAS Y SUS EFECTOS EN LA SOCIEDAD

A ver si comprendiste... Contesta las siguientes preguntas.

1. De acuerdo con el artículo, ¿qué nos transmite la música y sus melodías?
_____

2. ¿Para qué sirve la música?
_____

3. ¿Cómo describirías la música? ¿Cuándo la escuchas tú?
_____
_____

4. ¿De qué manera ha cambiado la compra y venta de la música?
_____

5. ¿En qué ocasiones se presenta la música? Menciona por lo menos tres.
_____

6. En el siguiente gráfico anota tres artistas de música de géneros distintos y una canción suya popular o favorita tuya.

Artista musical	Género de música	Canción popular/favorita

95

ANÉCDOTAS 1
UNIDAD 3

NOMBRE:
FECHA:

¡LA MÚSICA NOS HACE BAILAR, AQUÍ Y DONDE SEA!

A. *Palabras innovadoras:* Busca los sinónimos y los antónimos a las palabras que ya has aprendido.

Palabra	adeptos	contagioso	entretenimiento	género	ritmo
Sinónimo					
Antónimo					

B. *Ampliación de vocabulario:* Lee las pistas para generar las palabras que aparecen en la sopa de letras.

1. ¿Dónde nació el reggaeton? _____

2. The Noise, Tego Calderón, Ivy Queen y Vico C son: _____

3. Los que se oponen al género del reggaeton _____

4. Hacerse notar, llamar la atención _____

5. Tener muchos habitantes _____

```
I J F Z D E S T A C A R C X P
M A J B N P A U B P E S P S P
V O W T M B H D W J K Q O O U
W J J V A H I Z X V P B P N S
F W O V I N T E R P R E T E S
L S S T R U R A L E S M R C W
Y X J X M T I L P M J O E X B
V O W Y O R D O H X T F U A N
C O U M C Q B O G C G R R Z U
T N O N F L U Q A R D R C Z N
M V S S A H W R P K I O L F V
I A X C F L T K M O G W D W U
N B I K M E A C S E B P X W R
G O X S D H W V B X D Y T V C
N G F K K S S Q C F Z O N C Q
```

ANÉCDOTAS 1
UNIDAD 3

NOMBRE:

FECHA:

C. Rotula los países y la ciudad mencionada en el artículo.

97

ANÉCDOTAS 1
UNIDAD 3

NOMBRE:
FECHA:

> **D. A reflexionar…**

1. ¿Cuáles son los beneficios culturales de que un ritmo musical cruce fronteras?
_____
_____

2. ¿Crees que era más fácil antes o ahora hacerse famoso en el ámbito de la música? Explica:
_____
_____

3. ¿Qué tan necesarias son las redes sociales para alguien que apenas comienza en la música?
_____
_____

4. Da 6 consejos para alguien que quiere alcanzar el estrellato en la rama de la música.
_____
_____

Top 6 tips para la fama musical

☐ _____   ☐ _____
☐ _____   ☐ _____
☐ _____   ☐ _____

5. ¿Cuál es tu ritmo de música favorito?
_____
_____

ANÉCDOTAS 1
UNIDAD 3

NOMBRE:
FECHA:

LAS LETRAS HABLAN – LA CONJUGACIÓN: EL PRETÉRITO IMPERFECTO

A. Conjuga los siguientes verbos en el imperfecto. Modifica los verbos reflexivos según corresponda.

> Ej. El reggaetón <u>impulsaba</u> (impulsar) a nuevos artistas y los <u>inspiraba</u> (inspirar) a crear una nueva forma de expresarse.

1. Desde el inicio, el reggaetón _____ (**combinar**) ritmos pegajosos y letras atractivas para el público joven
2. Se _____ (**notar**) que iba a ser todo un fenómeno musical.
3. Poco a poco _____ (**continuar**) entrando en el gusto de la gente.
4. Año con año _____ (**salir**) nuevos éxitos que el público _____ (**adoptar**).
5. Así, el reggaetón _____ (**posicionarse**) en la historia como uno de los géneros favoritos de millones de personas.

B. Combina estas palabras sueltas para formar una oración coherente. Cambia los verbos subrayados a su conjugación en el imperfecto. Puedes agregar palabras si lo consideras necesario.

Ser un / fuera tan difícil / **no <u>creer</u>** / pintor abstracto
*No **creía** que fuera tan difícil ser un pintor abstracto.*

1. castillos / Picasso / **<u>comprar</u>** / con su fortuna
2. mala persona / algunos / **<u>creer</u>** / que / con su familia / era
3. **<u>pintar</u>** / claro / queda / que / de manera grandiosa
4. de su arte / habilidad / su gran / le / vivir / **<u>permitir</u>**
5. movimiento cubista / Picasso / **<u>sobresalir</u>** / en el /

ANÉCDOTAS 1
UNIDAD 3

NOMBRE:
FECHA:

Usa tu imaginación

Escribe dos párrafos con cinco verbos en el pretérito y cinco en el pretérito imperfecto, donde describas el momento en el que conociste a un reguetonero famoso. Usa tu imaginación si es necesario y subraya los verbos. Identifica con una (p) para pretérito y una (i) para imperfecto.

› Ejemplo:

Miraba (i) con admiración a Daddy yankee y finalmente lo conocí (p) el mes pasado. Todo sucedió (p)...

ANÉCDOTAS 1
UNIDAD 3

NOMBRE:

FECHA:

EL SALVADOR: UN VIAJE POR EL MUNDO

A. Ahora que has aprendido un poco sobre el país de El Salvador llena el siguiente gráfico.

1. ¿Qué grupos étnicos viven en el Salvador?	
2. ¿Qué dialectos se hablan en El Salvador?	
3. ¿Qué papeles importantes han desempeñado las mujeres en este país?	
4. ¿Qué celebraciones salvadoreñas son únicas de ese país?	
5. ¿Cuál es la diferencia o semejanza de un tamal salvadoreño y un mexicano?	
6. Haz una investigación sobre un autor o poeta salvadoreño y escribe un pequeño resumen de lo que aprendiste.	

ANÉCDOTAS 1
UNIDAD 3

NOMBRE:
FECHA:

EL POEMA: *QUEJAS*

A. A aprender se ha dicho...

Aprenderás sobre unas figuras retóricas (también llamadas figuras literarias) de la poesía. Después trata de encontrarlas en la siguiente estrofa.

- **Personificación:** implica el uso de cualidades humanas a seres inanimados o animales. Ej. El llanto de la guitarra (aquí dándole el atributo de llorar a un objeto como lo es la guitarra).

- **Símil:** comparación o semejanza entre dos cosas usando la frase "como", "tal como", o "cual". Ej. El sol brillaba como oro.

- **Anáfora:** la repetición de una o varias palabras en el inicio de dos o más oraciones seguidas. Ej. Quién lo pensara, quién lo dijera...

¡Y amarle pude..... Al sol de la existencia!
Se abría apenas soñadora el alma.....
Perdió mi pobre corazón su calma
Desde el fatal instante en que le hallé.
Sus palabras sonaron en mi oído
Como música blanda y deliciosa;
Subió a mi rostro el tinte de la rosa;
Como la hoja en el árbol vacilé.
Él, la fascinación de mis sentidos;
Él, ideal de mis sueños más queridos;
Él, mi primero, mi ferviente amor.

Figura retórica	Ejemplo en la estrofa
Personificación	
Símil	
Anáfora	

ANÉCDOTAS 1
UNIDAD 3

NOMBRE:
FECHA:

B. El poema contiene imágenes sensoriales que apelan a los sentidos. Regresa al poema entero en el libro y busca ejemplos de los siguientes:

C. A contestar...

1. Busca la definición de las palabras "halagüeña" y "abrojos" y anótala aquí. Después explica su interpretación en el poema.

halagüeña	definición:	interpretación:
abrojos	definición:	interpretación:

2. ¿Qué frases te impactaron más y por qué?

_____

_____

103

LA TECNOLOGÍA Y SUS BENEFICIOS EN LA VIDA DIARIA

UNIDAD 4

ANÉCDOTAS 1
UNIDAD 4

NOMBRE:
FECHA:

Introducción

LA TECNOLOGÍA Y SUS BENEFICIOS EN LA VIDA DIARIA

A Investigar…

Compara la tecnología de hace 30-40 años con la tecnología de hoy. Puedes entrevistar a alguien que tenga de 35-40 años para ver cómo es que ha cambiado la tecnología.

Antes...	Hoy...

Según la introducción del capítulo, ¿cuáles son los beneficios de los avances en la tecnología? Llena el mapa mental:

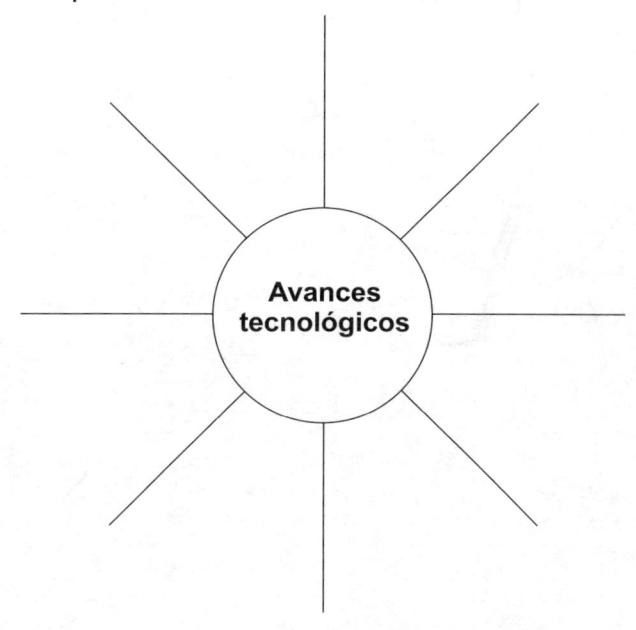

Avances tecnológicos

105

ANÉCDOTAS 1
UNIDAD 4

NOMBRE:
FECHA:

LA ERA DEL INTERNET, ¿NOS ESTÁ SOBREPASANDO?

A. Contesta las siguientes preguntas de comprensión con una respuesta completa y detallada.

1. ¿Cuáles son algunos de los efectos de la red en nuestra vida diaria?

_____

2. ¿Cómo se define la era digital y qué impacto tiene en la información y comunicación?

_____

3. ¿Cómo fue recibida la disponibilidad de la World Wide Web conocida por sus siglas www?

_____

4. ¿Te parece que el promedio de horas de Internet por usuario al día sea lo correcto? ¿Debe ser la cifra más o menos?

_____

5. ¿Consideras la red, el Internet, sólo como una herramienta de vida o es otra de las invenciones ya esenciales?

_____

ANÉCDOTAS 1
UNIDAD 4

NOMBRE:
FECHA:

> **B.** Observa la animación en el siguiente enlace:
>
> ▶ https://www.youtube.com/watch?v=pn_8C55nLWc

1. Primero describe todo lo que había sobre el escritorio en los años 80. Quizá tengas que detener el video para hacer constancia de todo lo que ves.

_____

_____

2. Después presenta los cambios. Señala en qué se transformaron las diferentes herramientas que estaban en el escritorio.

_____

_____

3. Por último, responde estas preguntas:

   a) ¿Cómo recapitulas el contenido de esta animación?
   _____

   b) ¿Qué lazo existe entre esta animación y el título de esta unidad?
   _____

C. Prepara una serie de preguntas para tus padres y tus profesores.

Pregunta sobre la manera en que hacían o llevaban a cabo las siguientes tareas y situaciones cuando tenían 14 años:

   1. Compartir fotos como se hace en Facebook
   2. Interactuar con celebridades como se hace en las redes sociales
   3. Publicar opiniones en plataformas como Twitter, o en redes sociales
   4. Filmar y compartir un video como se hace en YouTube
   5. Encontrar información sobre publicaciones en otros países

ANÉCDOTAS 1
UNIDAD 4

NOMBRE:
FECHA:

UNA SEMANA SIN INTERNET

A. A ver si comprendiste...

Contesta las siguientes preguntas sobre la lectura:

1. ¿Para qué sirve el Internet?

2. ¿Cómo usas tú el Internet?

3. Según el artículo, ¿qué trajo de moda el Internet para los jóvenes? ¿Y para los adultos?

4. ¿Crees que durante la cuarentena por el Covid hubiésemos podido estar sin Internet? Explica.

5. Antes del Internet los niños jugaban afuera. Ahora, ¿cómo se entretienen los niños?

ANÉCDOTAS 1
UNIDAD 4

6. ¿Crees que podríamos regresar a una vida sin Internet? Explica.

_____

_____

7. ¿Cómo puedes ser tú un usuario responsable del Internet?

_____

_____

B. *Ampliación de vocabulario:* Llena el cuadro con la información requerida.

Palabra	Definición	Oración original
fundar		
arrasar		
nulo		
inalcanzable		

ORTOGRAFÍA: LOS SINÓNIMOS

Los sinónimos son palabras o vocablos que tienen distinta escritura, pero poseen igual significado o uno muy cercano. Son palabras que poseen el mismo contenido, aunque se expresan de diferente manera.

Recuerda que existen:

1. Sinónimos de sustantivo (persona, lugar, cosa, idea)
2. Sinónimos de adjetivos
3. Sinónimos de adverbios

A. Lee la siguiente tabla de palabras. Escribe el sustantivo para cada palabra y determina si las palabras son sustantivos, adjetivos o adverbios.

Palabra	Sinónimo	Tipo de palabra
empresas		
reclutamiento		
instantánea		
avance		
obsoleta		
cifras		
nula		

ANÉCDOTAS 1
UNIDAD 4

NOMBRE:
FECHA:

B. Reto: Vuelve a escribir estas oraciones con sinónimos que correspondan a las palabras subrayadas.

1. Juan estaba **atónito** cuando **repentinamente** se le cayó su celular al **excusado**.

   _____
   _____

2. El **dispositivo** se encontraba **totalmente** **inservible** hasta que se secó.

   _____
   _____

3. Juan se alegró de que había **adquirido** la **versión** más nueva que era resistente al agua.

   _____
   _____

ANÉCDOTAS 1
UNIDAD 4

NOMBRE:
FECHA:

EL REINADO DE LAS REDES

Preguntas de comprensión

A. Contesta las siguientes preguntas en oraciones completas y con detalles:

1. ¿Qué tipo de servicios de información proveen las redes sociales?
_____

2. ¿Cuáles son algunas ventajas que ofrecen las redes sociales?
_____

3. ¿Cuáles son los pros y los contras de las horas dedicadas en el Internet? ¿Puede existir un balance?
_____

4. ¿Con qué intención se crean nuevas aplicaciones?
_____

5. Explica la función de la red social de Linkedin y cuál es su enfoque.
_____

6. ¿Cómo debe cada usuario utilizar las redes apropiadamente y tenerlas como nuevas formas de comunicación? ¿Cuál es la meta?
_____

7. ¿Cuál es el impacto del uso de las redes a la hora de solicitar empleo?
_____

8. ¿Cuál era el equivalente de cada una de las redes sociales en el Internet?
_____
_____
_____

ANÉCDOTAS 1
UNIDAD 4

NOMBRE:
FECHA:

B. Observa la ilustración atentamente. Escribe el servicio básico de cada una de las redes sociales en la columna central de la siguiente tabla, y después escribe en la columna derecha el equivalente de cada una de las redes sociales antes de su aparición. Puedes consultar la red o con un compañero y comparar sus respuestas.

Red social	Servicio básico	Equivalente antes del Internet
1. Facebook		
2. Instagram		
3. Twitter		
4. Google Maps		
5. Spotify		
6. YouTube		
7. Pinterest		
8. Whatsapp		

ANÉCDOTAS 1
UNIDAD 4

NOMBRE:
FECHA:

LA CULTURA EN LAS REDES: LAS REDES AYUDAN A LAS TRADICIONES Y CELEBRACIONES

A. Preguntas de comprensión

1. Según el artículo, ¿qué se encuentra dentro de la música latina?

2. Menciona cuatro lugares señalados en el artículo de donde proviene la música latina.

3. De los géneros mencionados en el artículo, ¿cuáles te gustan y escuchas?

4. ¿Qué ha hecho la tecnología para la música latina?

5. ¿En qué año surgió TikTok? ¿Qué hizo con la competencia?

6. ¿Por qué es TikTok la plataforma más usada hoy día?

7. ¿Cuáles de los siguientes artistas mencionados conoces y/o te gusta(n)?

8. ¿Por qué crees que Maluma, Daddy Yankee y Bad Bunny son muy famosos?

9. De los artistas mencionados arriba, haz una pequeña búsqueda para responder a la siguiente pregunta: ¿Sólo se destacan éstos en la música o en qué otro ambiente?

**ANÉCDOTAS 1
UNIDAD 4**

NOMBRE:
FECHA:

B. *Ampliación de vocabulario:* Llena la siguiente gráfica con la información que se te pide.

Palabra	Definición	Oración para resumir el mensaje del artículo
antepasados		
sazón		
tradicional		
herramientas		
contemporánea		

A investigar...

C. Haz una búsqueda de los siguientes géneros de música para encontrar el año de su surgimiento y algunos artistas relacionados.

Género	País y año de nacimiento	Canción popular	Artista destacado/a
merengue			
bachata			
salsa			
norteña			

115

ANÉCDOTAS 1
UNIDAD 4

NOMBRE:
FECHA:

LAS LETRAS HABLAN - LA CONJUGACIÓN: EL FUTURO

A. Utilizamos la conjugación en el futuro para hablar de lo que sucederá próximamente. Completa estas oraciones con la conjugación correcta en el futuro para comentarnos lo que pasará en un futuro cercano.

> **Ejemplo:** *Los nuevos teléfonos celulares proyectarán (proyectar) nuestra imagen en la televisión más cercana.*

1. Probablemente _____ (haber) viajes a la Luna.
2. Creo que nosotros _____ (tratar) de comprar más productos orgánicos.
3. Estoy seguro de que la mayoría de las aplicaciones que conocemos _____ (desaparecer).
4. Algunos tipos de música no _____ (morir).
5. Los avances en la medicina _____ (impactar) a millones de personas.

¿Qué nos deparan las siguientes décadas?

B. Elige los verbos que mejor correspondan para completar las oraciones. Recuerda conjugar los verbos en el tiempo futuro.

salir / crear / innovar / extinguirse / vender

En el presente, sabemos que las compañías de tecnología 1. _____ sus estrategias de mercadeo. ¿Qué teléfono móvil nuevo 2. _____ a la venta? Tal vez todavía no lo sabemos, pero es seguro que nos 3. _____ esa joya tecnológica en una suma alta. En cualquier caso, es bueno que mejoren las tecnologías. Los artículos viejos 4. _____. En el futuro cercano se 5. _____ más y mejores aparatos que nos faciliten las cosas, aunque no sabemos a qué costo.

Cuéntanos...

¡Planifiquemos para el futuro!

C. En cuatro oraciones que utilicen el futuro, describe qué harás con el primer sueldo que obtengas como profesional.

1. _____
2. _____
3. _____
4. _____

ANÉCDOTAS 1
UNIDAD 4

NOMBRE:
FECHA:

PERÚ: UN VIAJE POR EL MUNDO

A. Explica brevemente la importancia que han tenido los siguientes lugares, eventos o personas en la historia o en la política de Perú.

1. Proclamación de independencia _____

2. Lenguas originarias _____

3. El Cóndor _____

4. El templo de las Tres Ventanas _____

5. Machu Pichu _____

6. Mario Vargas Llosa _____

B. A continuación tienes una lista de platillos populares en Perú. Escoge uno de ellos y haz una búsqueda para investigar la receta y redáctala aquí. Debes incluir el título del platillo, los ingredientes con cantidades exactas y el proceso de preparación. Diviértete en la cocina y trata de seguir la receta y hacer una presentación en clase de la receta y cómo te fue en el intento de cocinar ese platillo peruano.

1. Cau-cau _____

2. Causa rellena _____

3. Sopa de quinoa _____

4. Carne de alpaca _____

5. Parihuela _____

6. Arroz chaufa _____

7. Olluquito con charqui _____

8. Lomo saltado _____

9. Ceviche _____

10. Bistec a la pobre _____

C. A continuación tienes la letra de la canción *Esta es mi tierra* escrita por Augusto Polo Campos e interpretada por Eva Ayllón quien es afrodescendiente y orgullosamente afroperuana y cuenta con una muy bella voz. Escucha la canción y después escribe un reporte del significado de la melodía ▶ https://youtu.be/XhpxSa66iVk

ESTA ES MI TIERRA

Esta es mi tierra, así es mi Perú
Esta es mi tierra, así es mi Perú.

Raza que al mundo escribiera
La historia humilde el imperio del sol
Enarbolada, flamea tu bandera bicolor
En costa, montaña y sierra
Con paz trabajo y amor.

La riqueza de su costa
En el mundo sin igual
Y la sierra generosa
Fructifica nuestro pan
Mientras la montaña espera
Quien la vaya a conquistar.

El orgullo de mi raza
Es la historia del Perú
Y quiero que este tondero
Con sabor a gratitud
Se escuche en los cuatro vientos
En el norte, centro y sur.

¿Cómo dice?

Esta es mi tierra, así es mi Perú
Esta es mi tierra, así es mi Perú.

ANÉCDOTAS 1
UNIDAD 4

La riqueza de su costa
En el mundo sin igual
Y la sierra generosa
Fructifica nuestro pan
Mientras la montaña espera
Quien la vaya a conquistar.

El orgullo de mi raza
Es la historia del Perú
Y quiero que este tondero
Con sabor a gratitud
Se escuche en los cuatro vientos
En el norte, centro y sur.

¿Cómo dice?

Esta es mi tierra, así es mi Perú
Esta es mi tierra, así es mi Perú
Esta es mi tierra, así es mi Perú
Esta es mi tierra, así es mi Perú.

1. ¿Qué dice la letra?
___

2. ¿Qué dice cada estrofa?
___

3. ¿Por qué es representativa de la cultura peruana?
___

ANÉCDOTAS 1
UNIDAD 4

NOMBRE:
FECHA:

EL CUENTO CORTO: *EL OBSTÁCULO*

El **cuento corto** es un relato, en prosa, de hechos imaginarios que pueden tener elementos de la realidad y contiene: la introducción, el desarrollo, el clímax y el desenlace.

- **la introducción:** parte en donde se presentan a los personajes, su propósito y el ambiente.
- **el desarrollo** o **nudo:** se plantea el problema que tiene(n) que enfrentar el personaje o personajes.
- **desenlace:** la parte en donde se suele dar el clímax y la solución al problema y se finaliza la narración.

En el siguiente cuento, *"El obstáculo"* de Amado Nervo, describe las siguientes partes del cuento en la gráfica.

Introducción	Desarrollo	Desenlace
Personajes: **Ambiente:** 	**Problema:** 	**Clímax:** **Solución:**

120

ANÉCDOTAS 1
UNIDAD 4

NOMBRE:
FECHA:

EL CELULAR, ¿ES UNA ADICCIÓN O UNA NECESIDAD INMINENTE?

A. Vamos a reflexionar…

Coloca una ✓ si te identificas con lo que dicen las oraciones:

- ☐ 1. Yo siempre tengo mi celular cerca de mi persona.
- ☐ 2. Cuando olvido mi celular en casa tengo los peores días de mi vida.
- ☐ 3. Yo hago todo en mi celular.
- ☐ 4. Sin mi celular, yo no soy nada.
- ☐ 5. Yo estoy al día con los avances tecnológicos.
- ☐ 6. Cambio de móvil cuando salen modelos más nuevos.
- ☐ 7. Sufro de ansiedad cuando veo que se agota la batería de mi móvil.
- ☐ 8. Lo primero que hago al despertar y al acostarme es revisar mi móvil.
- ☐ 9. Prefiero olvidarme de mi tarea en casa que de mi celular.
- ☐ 10. Reviso mi celular cuando estoy con amigos o con mi familia.

Reflexionando en tus respuestas, ¿crees que eres adicto al uso del móvil? Explica.

_____

_____

_____

_____

_____

_____

_____

ANÉCDOTAS 1
UNIDAD 4

NOMBRE:
FECHA:

B. Preguntas de comprensión

1. Según la introducción, ¿cuáles han sido los avances tecnológicos en el celular o móvil a lo largo de los años?

   _____

2. En tu opinión, ¿cuándo es que alguien debe comprar un teléfono celular nuevo?

   _____

3. ¿Por qué razones crees que las compañías sacan modelos de móviles nuevos?

   _____

4. Considera otras razones para la pregunta 3.

   _____

ANÉCDOTAS 1
UNIDAD 4

NOMBRE:
FECHA:

¿CUÁNTO PAGARÍAS POR UN CELULAR NUEVO Y MODERNO?

A. *Palabras innovadoras:* Llena el espacio con una de las palabras del cuadro.

aparato	calidad	inalámbrico	megaempresa	industria

1. Hay una propuesta de promoción para las _____ y organizaciones.

2. Oigo a mamá diciéndome: "¡Estás atorado en el _____ todo el día!"

3. La _____ de telefonía móvil ha ido incrementando desde su aparición.

4. Mi teléfono celular es sin duda el de mejor _____.

5. La innovación del teléfono _____ fue una ventaja para más movilidad.

B. *Palabras de ampliación:* Llena el cuadro con lo que se pide en cada columna.

Palabra	Sinónimo	Antónimo	Tu propia oración
móvil			
revolucionar			
llamativo			
reto			
adquirir			
disponible			
alza			

C. Necesitas un teléfono celular nuevo y acudes a un establecimiento donde tienen la mejor variedad de teléfonos incluyendo Samsung, Huawei, Apple, Xiaomi, Oppo y Vivo. Llegas y un vendedor se te acerca y te ofrece ayuda. Construye una conversación. ¿Logrará convencerte el vendedor? ¿Lograrás tú elegir el mejor teléfono celular para ti?

_____

_____

_____

_____

D. Preguntas de comprensión

1. ¿Cuál es el significado de la invención del teléfono y cuáles son los cambios que ha sufrido dicho invento?

_____

2. ¿Por qué ahora vivir con un teléfono que no tiene acceso a Internet es inaceptable?

_____

3. ¿Qué relación hay entre Steve Jobs y la compañía Apple?

_____

4. ¿Qué precio tenía el primer iphone disponible en 2007? ¿Te parece un buen precio o un poco exorbitante?

_____

5. ¿Piensas adquirir el nuevo Galaxy? Explica.

_____

ANÉCDOTAS 1
UNIDAD 4

NOMBRE:
FECHA:

ORTOGRAFÍA: LOS ANTÓNIMOS

Los antónimos son vocablos que tienen un significado contrario uno de otro, son opuestos. Deben pertenecer a su categoría gramatical:

- antónimos de sustantivos - **ej**. la honestidad ≠ la deshonestidad

- antónimos de adjetivos - **ej**. alto ≠ bajo

- antónimos graduales - **ej**. caliente ≠ tibio ≠ frío

Del siguiente fragmento tomado del artículo "¿Cuál es el mejor celular en la actualidad?" Escribe un párrafo en 4 oraciones completas. Después, en la siguiente página, escoge **9** palabras y escribe sus antónimos y una oración completa.

"La realidad de las cosas es que los precios de los celulares siguen al alza, sin importar el modelo o la compañía que los ofrezca. Los gastos que se hacen en la tecnología siguen su camino y la batalla entre las megaempresas telefónicas es una constante. Sin lugar a dudas los reyes de estos imperios son: Samsung, Huawei, Apple, Xiaomi, Oppo y Vivo. Son los dueños del planeta en cuestión de ventas y de equipos móviles. Es normal que muchos de los jóvenes sólo conozcan Apple y Samsung, ya que son nombres que figuran más en el continente americano. Ahora que aprendimos sobre esta información, ¿cuáles de estas compañías telefónicas conocías y cuáles no tenías idea que existían?, ¿comprarías este teléfono celular para ver su potencia y experimentar algo nuevo en el mercado?"

_____

_____

_____

_____

_____

125

ANÉCDOTAS 1
UNIDAD 4

NOMBRE:
FECHA:

Palabra	Antónimo	Oración nueva con el antónimo
Ej. constante	*inconstante*	*Las compañías de celulares mantienen precios inconstantes*
1.		
2.		
3.		
4.		
5.		
6.		
7.		
8.		
9.		

**ANÉCDOTAS 1
UNIDAD 4**

NOMBRE:
FECHA:

EL ARTE DE VOLAR, EL SUEÑO DEL MUNDO

Antes de leer...

A. Escribe en la columna izquierda todo lo que sabes de viajar en avión.

Después de leer...

B. Escribe en la columna derecha todo lo que aprendiste al leer la introducción a la unidad.

Imagina que vas a volar y que el dinero en cuanto a gastos de vuelo no es impedimento para ti. ¿A qué lugar volarías? ¿Qué tipo de vuelo seleccionarías? ¿Con qué lujos te gustaría viajar?

ANÉCDOTAS 1
UNIDAD 4

NOMBRE:
FECHA:

LOS COCHES EN EL AIRE, LA REALIDAD DEL FUTURO

A. Palabras innovadoras: Sustituye la palabra subrayada y en negrilla con una de las palabras en el cuadro.

| eficiencia | misiones | recursos | accesible | aterrizar |

1. La caverna es **alcanzable** por los barcos turísticos.

2. El reportero presentó los hechos con tal **efectividad** que logró obtener un premio.

3. A lo largo de la historia, la Iglesia se ha valido de todos los **medios** humanos para predicar el Evangelio.

4. Todos los **cometidos** de las organizaciones tienen metas en común.

5. La nave estaba a punto de **descender** cuando se escuchó un estruendo.

128

ANÉCDOTAS 1
UNIDAD 4

NOMBRE:
FECHA:

B. *Palabras de ampliación:* Une la palabra con su significado.

palabra	significado
1. inclusive	A. algo que es necesario y que no se puede dejar de tener el momento de vida cuando un niño/niña madura
2. domicilio	
3. sónico	B. separarse del suelo
4. artefacto	C. dirección de la casa donde vive una persona
5. despegar	D. de la velocidad del sonido o relacionado con ella
6. imprescindible	E. algo que se hace o produce también en la situación que se expresa
	F. objeto formado por un conjunto de piezas y fabricado para un fin específico

C. Preguntas de comprensión

1. ¿Por qué es Amazon una compañía innovadora en envíos rápidos?

2. ¿Te gustaría poder manejar un coche volador? Explica.

3. ¿Cómo es el proceso de aterrizaje y despegue del SD-03, el auto volador?

4. En cuestión de innovaciones tecnológicas, ¿qué te gustaría que apareciera en el mercado y por qué?

5. En esta vida llena de innovaciones, ¿qué prevalece en ti la curiosidad o el miedo hacia la tecnología? Explica.

ANÉCDOTAS 1
UNIDAD 4

NOMBRE:
FECHA:

LAS LETRAS HABLAN – LA CONJUGACIÓN: EL FUTURO PERFECTO

A. Conjuga los verbos en paréntesis en el futuro perfecto para decirnos lo que habrá pasado al llegar a cierto plazo en el futuro.

> **Ejemplo:** Para el año 2050, la población seguramente habrá dejado (dejar) de utilizar las redes 5G.

1. ¿Tú crees que para el año 2060 nosotros _____ (llegar) a explorar Neptuno?
2. Dentro de 40 años, los científicos _____ (encontrar) vida en otros planetas.
3. Para cuando yo me gradúe, se _____ (inventar) muchas nuevas aplicaciones tecnológicas.
4. ¿(tú) _____ (poder) realizar un descubrimiento científico después de estudiar nanotecnologías?
5. Dentro de cien años, nosotros _____ (viajar) al espacio exterior con combustibles atomicos.

Conjugación combinada…

B. Conjuga los verbos en paréntesis en futuro (F) o futuro perfecto (FP) según se te indique en el paréntesis. Pon atención al pronombre de cada oración.

Estoy seguro de que <u>me compraré</u> (comprarse)(F) una casa y <u>habré tenido</u> (tener)(FP) éxito en la vida.

"Antes de que yo naciera… 1._____ (pensar)(F) mucha gente …no había tecnología avanzada". Tal vez tengan razón, pero todo va cambiando. La tecnología de hoy, 2. _____ (ser)(F) obsoleta en poco tiempo. Antes del 2030, grandes compañías 3._____ (investigar)(FP) muchas ramas de la ciencia y seguramente para ese entonces 4. _____ (crear)(FP) mejores avances tecnológicos, ¿(nosotros) 5._____ (avanzar)(FP) hacia una nueva era espacial? Los avances en la ciencia lo 6._____ (determinar)(F). Por lo pronto yo 7. _____ (prepararse)(F) y para el 2030 8. _____ (estudiar)(FP) una carrera en ingeniería mecatrónica que me 9._____ (permitir)(F) estar al tanto de los cambios tecnológicos que 10. _____(venir)(F).

ANÉCDOTAS 1
UNIDAD 4

NOMBRE:
FECHA:

Escribe con imaginación...

C. Escribe un párrafo corto en el que nos expliques lo que habrán hecho y lo que lograrán hacer los grandes científicos y compañías tecnológicas de nuestro planeta para el año 2050. Utiliza por lo menos tres verbos en futuro y tres en futuro perfecto y subráyalos. Usa tu imaginación e imagina cómo podrían ser las cosas en el futuro a mediano plazo.

Para el 2050, las computadoras se recargarán con luz solar y GM habrá producido miles de autos que funcionarán con fotoceldas.

ANÉCDOTAS 1
UNIDAD 4

NOMBRE:
FECHA:

COSTA RICA: UN VIAJE POR EL MUNDO

A investigar...

Investiga en la red lo que se te pida al lado izquierdo y dibújalo al lado derecho.

Las esferas gigantes de piedra.	
La deforestación que se disparó en el pasado.	
Su energía renovable.	
El significado de Pura Vida.	
Elige: el grano de oro o la piña.	
Franklin Chang Díaz.	

ANÉCDOTAS 1
UNIDAD 4

NOMBRE:
FECHA:

EL CUENTO CORTO: *LOS DESEOS*

Preguntas de comprensión

A. Contesta lo siguiente con una respuesta completa y detallada:

1. ¿Por qué el matrimonio estaba descontento con lo que tenía?

2. ¿Qué deseos les concedió el hada Fortunata?

3. ¿Qué otro título le pondrías al cuento corto?

4. ¿Por qué el marido reniega de su esposa?

5. ¿Qué deseos te gustaría pedir al hada Fortunata?

6. ¿Crees que es bueno contentarse con lo que uno tiene?, ¿por qué?

7. ¿Te ha pasado algo similar al texto del cuento?

B. Haz una búsqueda del significado y concepto de las hadas. ¿Quiénes son estos seres fantásticos y cómo se han personificado? Incluye tu propio dibujo agregando color o una foto bajada de la red.

ANÉCDOTAS 1
UNIDAD 4

NOMBRE:
FECHA:

C. Si un hada apareciera frente a ti y te dijera que podría concederte tres deseos que beneficiarían a tu comunidad, a tu ciudad, ¿cuáles serían y por qué? Tus razones deben ser comprensibles y los deseos deben ser reales. Recuerda que estos deseos son para el servicio de los demás sin fines de lucro para ti.

___
___
___
___

LA VIDA CONTEMPORÁNEA Y SUS CAMBIOS EN LAS COMUNIDADES

UNIDAD 5

ANÉCDOTAS 1

ANÉCDOTAS 1
UNIDAD 5

NOMBRE:
FECHA:

Introducción

LA VIDA CONTEMPORÁNEA Y SUS CAMBIOS EN LAS COMUNIDADES

A. Ampliación de vocabulario: busca las definiciones de las siguientes palabras y luego redacta una oración original.

Palabra	Definición	Oración original/propia
1. rebasar		
2. imperiosa		
3. escasa		
4. automatización		
5. vertiginosa		
6. remoto		

B. Preguntas de comprensión

1. De acuerdo con el artículo, ha surgido una nueva adicción, ¿cuál es?
   _____

2. ¿Qué nueva tendencia ha surgido con respecto a trabajos y la cuarentena de Covid?
   _____

3. ¿Qué es lo que hacemos las personas con respecto a productos?
   _____

4. ¿Quiénes son los trabajadores que han sido más afectados con la cuarentena? ¿Por qué? _____

5. Busca una descripción de trabajos dentro de restaurantes y hospitalidad, ¿cuál es su impacto con el público? _____

**ANÉCDOTAS 1
UNIDAD 5**

NOMBRE:
FECHA:

LAS NUEVAS OPORTUNIDADES LABORALES

1. ¿Qué empleo deseas en el futuro?
_____

2. ¿Qué tipo de preparación necesitas?
_____

3. ¿Cómo es que la tecnología ayuda a desempeñar este empleo?
_____

4. ¿Qué idea presenta el artículo sobre la capacidad de adaptación?
_____

5. Imagina que ya es el año 2050. Haz una lista de trabajos del futuro.
_____
_____

6. ¿Cómo es que el dicho "Camarón que se duerme se lo lleva la corriente" se relaciona o aplica con el título de la introducción de la unidad?
_____
_____
_____
_____

7. Para finalizar, en tu opinión, ¿cuál es la clave para asegurar los empleos del futuro?
_____
_____
_____
_____

ANÉCDOTAS 1
UNIDAD 5

NOMBRE:
FECHA:

LOS NEGOCIOS SON UNA OPCIÓN REAL

A. *Ampliación de vocabulario:* Une la palabra con su correspondiente significado.

palabra	significado
1. emprendimiento	**A.** conjunto de características o circunstancias con que una persona se presenta a la vida
2. enseñanzas	**B.** ganancia o beneficio conseguido en una actividad comercial
3. aspectos	
4. negocio	**C.** conjunto de cosas diferentes/ variedad
5. diversidad	**D.** conocimientos, experiencias
	E. inicio de una actividad personal con fines económicos

B. *Palabras de ampliación:* Proporciona un sinónimo para cada palabra y construye una oración de tu propia creación.

Palabra	Sinónimo	Oración original
1. frutos		
2. subsistir		
3. vestuario		
4. tomar el mando		
5. sobresalir		

ANÉCDOTAS 1
UNIDAD 5

NOMBRE:
FECHA:

C. Escribe una lista de las mejores 10 recomendaciones que darías a todas aquellas personas que quieran emprender su propio negocio. ¿Cuáles serían esos pasos?

_____
_____
_____
_____
_____
_____
_____
_____
_____
_____

ANÉCDOTAS 1
UNIDAD 5

NOMBRE:
FECHA:

Preguntas de comprensión

D. Contesta las siguientes preguntas en oraciones completas y con detalles.

1. De acuerdo con el artículo, ¿qué es el emprendimiento y para qué se usa?
   _____

2. ¿Cómo se pueden combatir los retos que se presentan al emprender un negocio?
   _____

3. ¿De qué manera ayuda la innovación tecnológica al desarrollo de estas oportunidades?
   _____

4. ¿Cuál es la contribución de los latinos y sus negocios a la economía en ventas anuales?
   _____

5. ¿Cuántos empleos son generados por empresas cuyos dueños son latinos?
   _____

6. ¿Necesitas tener un diploma profesional para emprender un negocio? Explica.
   _____

7. ¿Consideras el emprendimiento como algo deseable y alcanzable para todos? Explica tu respuesta.
   _____

E. Haz una búsqueda en la red de un artículo que proporcione datos acerca de diferentes emprendimientos que se inventaron y/o reinventaron en medio de la pandemia del Covid-19 y están prosperando. Da detalles específicos de uno de esos negocios. Anota tus fuentes (por lo menos dos) al final de tu reporte. Usa el formato mismo de un artículo-título, información (qué, por qué, cómo, dónde, cuándo...) conclusión, fuentes.

_____
_____
_____
_____

ANÉCDOTAS 1
UNIDAD 5

NOMBRE:
FECHA:

ORTOGRAFÍA: LOS REGIONALISMOS

El regionalismo se refiere a la variación lingüística del español, que se aplica a términos o construcciones sintácticas propias de una región o de un país.

A. En las siguientes oraciones da la palabra estándar de los regionalismos en cursiva. Puedes consultar un diccionario si lo deseas.

1. Los *chamacos* jugaron todo el día en el parque. _____

2. Los estudiantes necesitan *lapiceros* de tinta roja y azul. _____

3. Mi *chamba* estuvo muy difícil hoy día. _____

4. Mis abuelos van a la bodega para conseguir *víveres*. _____

5. Después de perder el partido de boliche, el joven quedó *amolado*. _____

6. El *camión* se tardó en llegar, así que llegué tarde al colegio. _____

7. ¡La película de los Avengers estuvo bien *chida*! _____

8. A mí me gusta mucho el *choclo* con limón y chile. _____

9. Las *alpargatas* del mercado son de piel. _____

10. Los novios encargaron una *torta* de fresa para el día de su boda. _____

B. Ahora haz una búsqueda de cinco regionalismos y da 1) su país de origen y 2) la palabra estándar.

Regionalismo	País de origen	Palabra estándar
1.		
2.		
3.		
4.		
5.		

ANÉCDOTAS 1
UNIDAD 5

NOMBRE:
FECHA:

EL PODER DE LA ADAPTACIÓN

Las cosas que cambiaron en segundos...

1. Escribe en la columna izquierda las cosas que cambiaron para ti cuando el mundo entró en pandemia. En la columna derecha escribe cómo pudiste adaptarte a esos cambios.

Lo que cambió...	Mi adaptación...

2. Según la segunda parte del artículo, ¿cómo se tuvo que adaptar el mundo a los cambios que trajo la pandemia?
_____
_____
_____

3. Saca palabras clave del artículo y crea una nube de palabras (a word cloud) que tengan vínculos con la palabra en el centro.

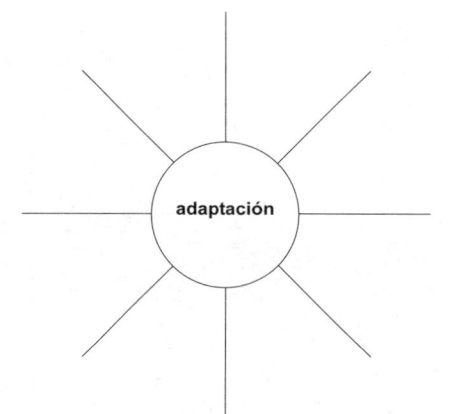

adaptación

142

EL ENEMIGO QUE NO SE DEJABA VER: LOS NUEVOS RETOS Y SUS CONSECUENCIAS

A. *Palabras innovadoras:* Llena el espacio con una de las palabras del cuadro.

adaptación	talento	repertorio	habilidades	sinfín

1. Asistieron un _____ de celebridades a la entrega anual de premios.

2. El nuevo _____ del cantante se muestra en su nueva producción digital.

3. Se requiere de mucha práctica para desarrollar nuevas _____.

4. Mi primo tiene el _____ de tocar bien el violín.

5. El oso polar está sufriendo una nueva _____ en su entorno.

B. *Palabras de ampliación:* Une la palabra con su significado correspondiente.

palabra	significado
1. curvas	A. última fase del proceso de aprendizaje impartida en universidades, institutos o academias
2. pandemia	
3. silencioso	B. reservado, de lo que se habla poco
4. empresa	C. caminos
5. estudios superiores	D. organización/unidad productiva agrupada
	E. enfermedad epidémica que se extiende a muchos países y es contagiosa

ANÉCDOTAS 1
UNIDAD 5

NOMBRE:
FECHA:

> **Preguntas de comprensión**

C. Contesta las siguientes preguntas que provienen de la lectura en el texto en una oración completa y detallada.

1. De acuerdo con la Real Academia Española, ¿cuál es la definición de la palabra adaptación?

2. ¿Cómo es el proceso de adaptación?

3. Escribe dos ejemplos de cada adaptación: laboral, profesional, personal.

4. Explica en tus propias palabras la cita de Pablo Neruda del texto:
   Podrán cortar todas las flores, pero no podrán detener la primavera.

5. ¿Cuáles fueron los cambios necesarios que se hicieron para la nueva normalidad durante la pandemia del Covid-19?

D. Da una lista de elementos y retos a los que una persona se enfrenta para su propia adaptación en las diferentes situaciones enumeradas a continuación.

1. Mudanza de casa

2. Un nuevo empleo de papá/ mamá

3. Una nueva escuela

4. Un nuevo miembro en la familia

5. Mudanza de ciudad

ANÉCDOTAS 1
UNIDAD 5

LAS LETRAS HABLAN – LA CONJUGACIÓN: EL ~~[ ]~~ PERFECTO
(Presente)

A. Conjuga de forma correcta en el presente perfecto para expresar acciones que han pasado. Pon atención a los cambios en los pronombres reflexivos (me, se te, nos, os, se).

> **Ejemplo:** No nos <u>hemos conformado</u> (conformarse) con los acuerdos que quiere hacer el gobierno.

1. En los últimos 30 años, la ciencia _____ (avanzar) a grandes pasos con efectos positivos y negativos.
2. ¿Tú _____ (hacer) un esfuerzo por cambiar el mundo?
3. Yo _____ (saber) que muchas industrias utilizan energías renovables.
4. Todos nosotros podemos poner nuestro granito de arena y decir que _____ (ayudar) a restaurar nuestro planeta.
5. La tecnología no es nuestra enemiga, al contrario, ésta _____ (contribuir) al bienestar de la sociedad.

B. Escoge el verbo en paréntesis que tenga la forma adecuada del presente perfecto para describir cómo han cambiado algunas cosas gracias a la tecnología.

> **Ejemplo:** La industria televisiva <u>ha invertido</u> (ha invertido/hemos invertido) mucho dinero en satélites modernos.

1. La modernización de la infraestructura carretera _____ (ha generamos/ha generado) mejores rutas y entregas más rápidas de diversas mercancías.
2. Históricamente, las nuevas tecnologías _____ (han beneficiado/has beneficiado) a la sociedad en general.
3. Aunque hay varios trabajos que _____ (hemos desapareciendo/han desaparecido), otros también se _____ (han creado/han creído) debido a los nuevos descubrimientos en varias industrias.
4. Como sociedad, _____ (he progresado/hemos progresado) en temas de igualdad, pero aún hay mucho por hacer.
5. No debemos creer que nosotros _____ (hamos llegado/hemos llegado) a la cima; por el contrario, debemos seguir luchando por mejorar.

ANÉCDOTAS 1
UNIDAD 5

C. ¿Qué soluciones has buscado para adaptarte a una educación cambiante y que parece depender mucho más en la tecnología? ¡Recuerda utilizar el presente perfecto y subráyalo! Por ejemplo: *He puesto un pizarrón en mi cuarto.*

1. _____
2. _____
3. _____
4. _____
5. _____

**ANÉCDOTAS 1
UNIDAD 5**

NOMBRE:
FECHA:

HONDURAS: UN VIAJE POR EL MUNDO

Una mente abierta cultural

Ahora será tu oportunidad de plasmar tus conocimientos en una obra artística. Vas a crear una mente abierta de un chico hondureño. Una mente abierta incluye dibujos y palabras clave y mucho color. En esta mente abierta presentarás información adicional a la que leíste en tu texto sobre Honduras: sus productos culturales, sus prácticas culturales y sus perspectivas culturales. Presentarás tu trabajo finalizado en un grupo de tres.

ANÉCDOTAS 1
UNIDAD 5

NOMBRE:
FECHA:

LA CRÓNICA: *UN PARTIDO CON MUCHA PASIÓN*

A. ¿Recuerdas lo que es una crónica?

Las crónicas son eventos en orden cronológico vistos desde la perspectiva del cronista paso a paso en forma de escalera. Se hacen en diferentes campos: histórico, literario, periodístico, deportivo, entre otros. Tiene un orden temporal y está hecha por un testigo del evento. Se narra en primera o tercera persona con un lenguaje sencillo y directo.

A continuación tienes un ejemplo del comienzo de una crónica deportiva. Debes continuar y terminar el ejemplo dado. No olvides añadir los pasos y elementos característicos de una crónica.

A las 9 de la mañana en las afueras del estadio esperaban los fanáticos para entrar al campo de juego. A las 10:30 de la mañana ya estaban en los bancos los aficionados esperando con gran pasión que comenzara el partido. A las 2 de la tarde empieza el partido y los fanáticos gritaban con alegría el nombre de su equipo favorito. Comienza el primer tiempo y al terminar el marcador marca 1-0, ya uno de los equipos había dado lo mejor de sí y realizado varias hazañas en el partido, el equipo contrario la tiene fuerte para el segundo tiempo en donde tendrán que empatar.

_____
_____
_____
_____

B. Haz una búsqueda de las siguientes personalidades: escribe datos esenciales de su vida personal y profesional como moderadores de cronistas. Los mencionados están relacionados con los deportes y las noticias nacionales e internacionales. Si no te interesa ninguno de los mencionados puedes pedirle a tu maestro(a) si puedes elegir tu propia persona.

1. Jaime Jarrín _____
2. Vin Scully _____
3. Enrique Bermúdez _____
4. Larry King _____
5. María Elena Salinas _____
6. Barbara Walters _____
7. Jerry Williams _____

ANÉCDOTAS 1
UNIDAD 5

NOMBRE:

FECHA:

LOS PAÍSES INDUSTRIALIZADOS Y SUS EFECTOS EN LAS COMUNIDADES

A. Preguntas de comprensión

1. ¿Qué diferencia a un país industrializado de uno en "vía de desarrollo"?

2. ¿Qué es lo que impulsa a un país para crecer en la industrialización?

3. ¿Por qué se envían productos para ensamblar o producir en países como Centroamérica o la India?

4. ¿Cuál es el resultado de obtener "mano de obra" barata en otros países para el empleado? ¿Qué se debe hacer para proteger a estos trabajadores?

5. ¿Te gustaría a ti trabajar en una empresa por 15 horas diarias y sólo tener un sueldo de $17 dólares por día?, ¿crees que te alcanzará ese sueldo para vivir cómodamente?

B. *Ampliación de vocabulario:* 1) busca la definición de las siguientes palabras, 2) anota su sinónimo y 3) usa el sinónimo en una oración original.

Palabra	Definición	Sinónimo	Oración original/propia
1. capacidad			
2. rezagada			
3. liderazgo			
4. ensamblar			
5. accesible			
6. explotación			

ANÉCDOTAS 1
UNIDAD 5

NOMBRE:
FECHA:

¿SOMOS DEL PRIMER MUNDO O DE DÓNDE SOMOS?

A. *Palabras innovadoras:* Ya conoces las definiciones de las siguientes palabras. Tu reto será hacer un resumen de una oración sobre el artículo usando todas las palabras innovadoras.

| crecimiento | desarrollo | deshacerse | etiquetas | sostener |

Mi oración:

_____
_____

B. *Ampliación de vocabulario:* Busca la definición de la palabra y anótala. Después, crea una oración demostrando tu conocimiento.

Palabra	Definición:	Mi oración usando esa palabra
1. corrupción		
2. inserción		
3. innovador		
4. poderoso		
5. confianza		

C. A hacer conexiones...

Explica en un párrafo cómo es que un país puede llegar a ser de primer mundo usando esta lista: *innovación tecnológica, libertad de expresión, política más transparente* e *inversión en la educación.*

_____
_____
_____
_____

ANÉCDOTAS 1
UNIDAD 5

D. Preguntas de comprensión

1. ¿Crees que la escalera del poder se puede empezar a escalar desde casa?

   _____
   _____
   _____

2. ¿Qué puede hacer una ciudad para poder sobresalir ante otras?

   _____
   _____
   _____

3. Imagina que eres el presidente electo de un país latinoamericano. Redacta un discurso donde das un plan para sobresalir ante los demás países. La meta es hacer cambios sociales para llegar a ser un país de primer mundo. Usa lenguaje formal ya que te diriges al país y a todos los ciudadanos que votaron por ti.

   _____
   _____
   _____
   _____
   _____
   _____
   _____
   _____

ORTOGRAFÍA: LOS NEOLOGISMOS

Recordando: Neologismos

Neologismo es el nombre que se le da a una palabra nueva en algún tipo de léxico, lengua o cultura, puede ser tanto compuesta como no compuesta y es netamente originaria de un país o región en específico; por lo general nace gracias a la necesidad de darle nuevos significados y conceptos a palabras que anteriormente existían, depende de los movimientos culturales de la época, de las modas y de las tendencias que se manejen.

A. Señala si las siguientes palabras son neologismos: Sí (S) o NO (N)

1. telediario ( )
2. acordeón ( )
3. hidromasaje ( )
4. chatear ( )
5. navegador ( )
6. orquesta ( )
7. embarcadero ( )
8. servidor ( )
9. cibernauta ( )
10. metrosexual ( )
11. descenso ( )
12. footing ( )
13. spa ( )
14. competición ( )
15. hipervínculo ( )
16. modem ( )
17. robótica ( )
18. blogger ( )
19. zombi ( )
20. video ( )

B. Escribe una oración original con los siguientes neologismos.

1. chance _____
2. boss _____
3. software _____
4. email _____
5. dolly _____

ANÉCDOTAS 1
UNIDAD 5

NOMBRE:
FECHA:

LA SOCIEDAD SE TRANSPORTA

A. *Ampliación de vocabulario:* Busca las definiciones de las siguientes palabras y luego redacta un párrafo de resumen del artículo utilizando el vocabulario.

proveedores	consumir	marítimo	terrestre
definición:	definición:	definición:	definición:
indispensable	férreas	repercusión	perdure
definición:	definición:	definición:	definición:

B. Párrafo de resumen:

_____
_____
_____
_____
_____
_____
_____

153

ANÉCDOTAS 1
UNIDAD 5

NOMBRE:
FECHA:

Preguntas de comprensión

C. Contesta las siguientes preguntas que provienen de la lectura en el texto en una oración completa y detallada.

1. ¿Por qué es muy importante la transportación para la sociedad?

2. Aparte de las personas, ¿para qué otras cosas se utiliza la transportación?

3. Menciona los tipos de transportación que has usado tú y tu familia y por qué lo usan.

4. Según el artículo, ¿cuáles medios de transportación son caras y cuáles son baratas?

5. ¿Cómo afectan los medios de transporte al medio ambiente y por qué?

6. Coloca los siguientes medios de transporte en su categoría:

avión, tren, auto, barco, lancha, helicóptero, autobús, taxi, Uber, camión, bicicleta

Transporte aéreo	Transporte marítimo	Transporte terrestre

ANÉCDOTAS 1
UNIDAD 5

NOMBRE:
FECHA:

LOS TRENES BALA DEL MUNDO: LA LA TRANSPORTACIÓN Y SUS VENTAJAS

A. *Palabras innovadoras:* Contesta las siguientes preguntas para luego escribir la definición en tus propias palabras.

1. ¿Qué parque de diversiones crees que te da la mayor **adrenalina**? Explica.

2. ¿Qué dirías que nunca te **rinde** en la vida?

3. ¿Qué **experiencias** has tenido con los trenes?

4. ¿Cuál sería el mejor medio de **transporte** para la ciudad en la que vives?

5. ¿Has tenido experiencias con **invenciones**? ¿Has inventado algo?

Ahora escribe tu propia definición de la palabra:

adrenalina	experiencia	invención	rendimiento	transportación

B. *Ampliación de vocabulario:* Busca sinónimos para las siguientes palabras:

1. vehículo _____ _____ _____

2. rápido _____ _____ _____

3. evolucionar _____ _____ _____

4. placentera _____ _____ _____

5. extrema _____ _____ _____

ANÉCDOTAS 1
UNIDAD 5

NOMBRE:
FECHA:

C. Después de leer el artículo escribe las ventajas de tener un tren de alta velocidad en tu estado. También piensa en posibles desventajas.

Ventajas	Desventajas

D. A investigar...

1. ¿Qué país tiene el tren más veloz del mundo?

2. ¿Qué tanta distancia abarca la ruta de este tren?

3. ¿Aproximadamente cuántos usuarios por día?

4. Si hubiera un tren de alta velocidad en tu ciudad, ¿qué beneficios traería?

5. ¿Cómo es que la transportación ayudaría a un país de Latinoamérica a convertirse en un país de primer mundo?

ANÉCDOTAS 1
UNIDAD 5

NOMBRE:
FECHA:

LAS LETRAS HABLAN – LA CONJUGACIÓN: EL PLUSCUAMPERFECTO

A. En el siguiente párrafo, escoge la forma conjugada en el pluscuamperfecto que mejor complete las oraciones. Recuerda poner atención al pronombre de cada oración para escoger la forma correcta de *haber* en el imperfecto (había, habías, había, habíamos, habíais, habían).

a) habían construido b) habíamos conformado c) había invertido
d) habíamos llegado e) había sido

La velocidad nunca _____ (1) tan importante como lo es en el presente. Al parecer, en muchos casos nos _____ (2) con la lentitud en las entregas de artículos, prestación de servicios y hasta con nuestra red de internet. Todo esto ha cambiado por varios factores. Por ejemplo, antes no se _____ (3) carreteras tan amplias o redes inalámbricas tan poderosas. Simplemente el gobierno no _____ (4) en la infraestructura correcta. Hoy en día, hay menos problemas de los que_____ (5) a tener décadas atrás. ¿Te imaginas cómo era todo antes de que viviéramos a toda velocidad?

B. Completa las siguientes oraciones con la conjugación correcta en el pluscuamperfecto para expresar lo que había sucedido al momento de las siguientes acciones.

1. La ciencia ya había traído (traer) grandes comodidades a los países industrializados.
2. Siempre _____ (pensar) que estudiar en la universidad sería una inversión en mi futuro.
3. Hace algún tiempo, las personas _____ (olvidarse) de la importancia de la educación.
4. Parece una locura, pero nadie _____ (imaginarse) la importancia que tendría la red de internet.
5. Con el invento de las computadoras, muchos pensaron que el futuro _____ (llegar).
6. ¡La era de la tecnología _____ (comenzar)!

157

ANÉCDOTAS 1
UNIDAD 5

Nunca y siempre...

C. A veces generalizamos con las palabras nunca y siempre. Hoy te toca generalizar un poco, ya que tendrás que escribir tres cosas que nunca habías hecho, vivido y/o pensado y tres cosas que siempre habías imaginado, dicho y/o pensado. Recuerda subrayar las conjugaciones que utilices en el pluscuamperfecto.

Ejemplo: *Nunca <u>había vivido</u> fuera de mi país natal.*
Siempre <u>había dicho</u> la verdad a mis amigos.

1. _____
2. _____
3. _____
4. _____
5. _____
6. _____

ANÉCDOTAS 1
UNIDAD 5

PARAGUAY: UN VIAJE POR EL MUNDO

A. *Ampliación de vocabulario:* Llena el gráfico con la información requerida.

Palabra	Definición	Oración original
1. efeméride		
2. cauce		
3. propiciando		
4. anverso		
5. esplendor		
6. arduas		
7. ímpetu		

ANÉCDOTAS 1
UNIDAD 5

NOMBRE:
FECHA:

B. Preguntas de comprensión

1. ¿En qué año obtuvo Paraguay su libertad y en qué día se celebra?

2. ¿Cuáles son los idiomas oficiales de Paraguay?

3. Aparte de tener dos idiomas oficiales, ¿en qué otro aspecto existe una dualidad?

4. ¿Qué es el ñanduti y por qué es importante?

5. Según conocemos la sopa como un plato caldoso, ¿es el caso de la sopa guaraní?

6. Haz una pequeña investigación y busca lo siguiente:

Población	Moneda	Canción nacional	Exportaciones

ANÉCDOTAS 1
UNIDAD 5

NOMBRE:

FECHA:

LA CRÓNICA: *LAS BANQUETAS ESCUCHAN*

Preguntas de comprensión

1. ¿Dónde toma lugar la crónica? ¿Cómo lo sabes?

2. ¿Quién narra la crónica?

3. ¿El narrador es objetivo o subjetivo? Explica.

4. ¿A quién se personifica? ¿Cómo lo sabes?

5. En tu opinión, ¿quién es el personaje principal de la crónica?

6. ¿Cuál es el tema principal? ¿Cuáles son los subtemas?

7. ¿Existe una moraleja en la crónica? ¿Cuál? Explica.

A crear...

Imagina que la banqueta enfrente de tu casa habla. ¿Qué diría? Escribe una lluvia de oraciones sobre ella.

LA SOCIEDAD FRENTE A LOS RETOS
UNIDAD 6

ANÉCDOTAS 1
UNIDAD 6

NOMBRE:

FECHA:

Introducción

LA SOCIEDAD FRENTE A LOS RETOS

A. Contesta las siguientes preguntas en oraciones completas y en forma detallada.

1. ¿Cuáles son los 6 desafíos globales que se mencionan en el artículo?

2. Coloca los desafíos en orden de importancia de acuerdo a tu propio criterio. Explica por qué escogiste ese orden.

3. ¿Cuál de todos los desafíos se ve más reflejado en tu comunidad, en tu ciudad? Explica tu respuesta.

4. ¿De qué manera afecta la desigualdad a la comunidad más vulnerable?

5. Si una organización te otorgara una invitación formal para participar en un proyecto para uno de estos desafíos, ¿en cuál participarías y por qué?

ANÉCDOTAS 1
UNIDAD 6

NOMBRE:
FECHA:

B. Para esta actividad puedes decidir trabajar con otra persona, en grupo o individual si así lo deseas. En la siguiente gráfica vas a llenar cada columna con la información apropiada. Por cada desafío vas a proveer datos de los pasos que se han dado antes y funcionado, lo que no ha funcionado y donde hemos tomado pasos hacia atrás y donde no ha habido ningún cambio.

Desafío	Avances	Retrocesos	Sin cambios
El medio ambiente			
Sistema de salud			
Fuentes de energía			
Desigualdad económica			
La era digital			
La democracia			

C. Haz una búsqueda en la red acerca de la Organización de las Naciones Unidas (ONU, por sus siglas). Escribe un reporte acerca de sus objetivos, del papel que ha desempeñado, lo que representa para el mundo en la actualidad, y de sus planes futuros con respecto a los desafíos globales que son más de los mencionados en el texto. Ahora te toca a ti indagar más de los desafíos mundiales. El reporte debe estar bien organizado y estructurado. Sigue el formato de un ensayo explicativo.

_____
_____
_____
_____

ANÉCDOTAS 1
UNIDAD 6

NOMBRE:
FECHA:

LA INMIGRACIÓN EN EE.UU.

A. Completa el siguiente crucigrama.

Horizontal:
2. Probar, verificar, comprobar
3. Abandonar tu país de residencia para establecerse en un país extranjero
4. Acción y efecto de inmigrar a un lugar que no es el lugar de origen
6. Movimiento de población de un lugar a otro (usualmente por circunstancias económicas o sociales)
7. Importante, fundamental, necesario

Vertical:
1. Área, estado, lugar
2. Accidente de tiempo, lugar o modo. Situación
5. Elemento, razón, influencia que contribuye a un resultado

ANÉCDOTAS 1
UNIDAD 6

NOMBRE:
FECHA:

B. *Ampliación de vocabulario:* Escribe 5 oraciones originales donde incluyas una palabra innovadora y una de las siguientes palabras. Puedes cambiar la forma de la palabra si es necesario.

| aterrorizados | humanidad | refugiados | fronteras | ajenos |

1. _____
2. _____
3. _____
4. _____
5. _____

ANÉCDOTAS 1
UNIDAD 6

NOMBRE:
FECHA:

INMIGRACIÓN, EMIGRACIÓN Y MIGRACIÓN

A reflexionar...

1. Según el artículo, ¿cuáles son las razones de la migración?

2. De las razones mencionadas, ¿cuál de ellas debería de garantizar protección como refugiados? Explica.

3. En tu opinión, ¿qué deberían hacer los países para mantener a sus ciudadanos en su país?

4. ¿Crees que es fácil establecer leyes de inmigración en un país? Explica.

A investigar...

Haz una pequeña investigación en la red sobre los flujos de inmigración. Llena la siguiente tabla con la información que encuentres. Comparte con un compañero. Haz la reflexión al final.

País	
¿De dónde inmigran?	
¿A qué causas se debe esta inmigración?	
¿De dónde inmigran?	

167

ANÉCDOTAS 1
UNIDAD 6

NOMBRE:
FECHA:

Reflexión personal: Reflexiona sobre lo que has aprendido.

ANÉCDOTAS 1
UNIDAD 6

NOMBRE:
FECHA:

ORTOGRAFÍA: LA DIÉRESIS

A. Explica si es correcta o incorrecta la presencia o ausencia de diéresis en las siguientes palabras. Da la explicación usando tus propias palabras.

1. lengüeta   _____
2. guateque   _____
3. paragüitas   _____
4. augurio   _____
5. agüero   _____
6. siguiente   _____
7. higüera   _____
8. nicaragüense _____

B. Coloca la diéresis donde sea necesaria.

1. averiguo   _____
2. averigue   _____
3. trilingue   _____
4. pinguino   _____
5. pingue   _____
6. aguado   _____
7. antiguo   _____
8. antigüedad   _____

C. Escribe **ü** o **u** para terminar las palabras en cada oración.

1. No sentía verg___enza al tocar tan mal la g___itarra.

2. La cig ___eña averig___ó desde el cielo dónde estaba la culebra.

3. Ag ___ antó sin quejarse el examen de ling ___ ística.

4. Metí la g ___ ía en el desag ___ e para desatascar la bañera.

5. El g ___ ardia impidió que se produjera un accidente.

169

ANÉCDOTAS 1
UNIDAD 6

NOMBRE:
FECHA:

LOS CAMBIOS CLIMÁTICOS Y SUS EFECTOS

A. Contesta las siguientes preguntas después de leer la introducción a la lección.

1. ¿Quiénes son responsables por los cambios climáticos? Explica.

2. Llena la siguiente tabla. Sigue el ejemplo como guía.

Acción humana (Causa)	Reacción del planeta (Efecto)	Mitigación (Solución humana)
Sobrepesca en Argentina.	Disminución/extinción de especies.	Crear leyes y límites en la pesca. Crear método de pesca que no saque los peces que aún no han llegado a la etapa de reproducción.

3. Si te dieran la tarea de solucionar tres problemas climáticos, ¿cuáles escogerías? ¿Qué soluciones propondrías?

ANÉCDOTAS 1
UNIDAD 6

NOMBRE:
FECHA:

LOS DESASTRES NATURALES: EL PODER DE LA NATURALEZA

A. Palabras innovadoras: Coloca una ✗ si la palabra en la oración se usa incorrectamente. Escribe una ✓ si la palabra en la oración se usa correctamente.

devastador	naturales	potente	preparación	sacudir

_____ 1. Es necesario **devastar** bien la ropa para quitarse el polvo.
_____ 2. Los desastres **naturales** son impredecibles.
_____ 3. Mitch fue un huracán muy **potente**.
_____ 4. La **preparación** para enfrentar los terremotos en California es imprescindible.
_____ 5. El **devastador** y **potente** terremoto dejó aterrada a la población.
_____ 6. La falta de **preparación** para la tormenta de nieve causó daños estructurales.
_____ 7. La nevada **natural** dañó muchas casas en Texas.
_____ 8. Fue **devastador** sacarse una A en todas las clases.

B. Ampliación de vocabulario: Necesitarás lápices de color o crayones. Ilumina todas las palabras que sean sinónimas de un solo color. Al final tendrás grupos de palabras de diferentes colores.

devastador	azotar	crucial	desastre	
sacudir	golpear	arrasador	temblor	camino
importante	destructor	terremoto	catástrofe	migración
sismo	primordial	verdadero		ventura
categorizar	adquirir	organizar	clasificar	desplazamiento

Ahora utiliza 5 palabras para escribir una oración que tenga relación con los desastres naturales.

_____

171

ANÉCDOTAS 1
UNIDAD 6

NOMBRE:
FECHA:

C. Preguntas de conexión con el tema:

1. ¿Qué **desastres naturales** han ocurrido en el mundo en los últimos 6 meses? Investiga en la red.

2. ¿Qué área del globo terráqueo se ve más afectada por los **huracanes**? ¿A qué se debe esto?

3. ¿Qué zonas del hemisferio en el que vives son **zonas volcánicas**? Investiga.

4. ¿Qué zonas del hemisferio en el que vives son **zonas sísmicas**? Investiga.

5. Selecciona un desastre natural (terremotos, huracanes, tsunamis, erupciones volcánicas, tornados), y escribe una lista de consejos que le darías a una persona que habita en un lugar donde ocurren.

ANÉCDOTAS 1
UNIDAD 6

LAS LETRAS HABLAN – LA CONJUGACIÓN: EL CONDICIONAL

A. Completa el siguiente párrafo con las siguientes conjugaciones en el condicional. No olvides poner atención al pronombre de cada oración para utilizar la terminación correcta. Recuerda que la conjugación en el condicional nos ayudará a referirnos a acciones que pueden ocurrir o no y para expresar situaciones probables en el pasado.

debería | moriría | encantaría | verían | vieran | agradaría
debieran | verías | agradaríamos

Si hubiera mejores condiciones económicas, muchas personas no se 1._____ en la necesidad de emigrar. A muchas personas les 2. _____ quedarse en el lugar que los vio nacer, pero a veces es muy difícil cuando eres víctima de violencia y persecución. Es por eso que mucha gente 3. _____ de tener más empatía por otros seres humanos que se ven en esa necesidad de emigrar. Estoy seguro que a mí no me 4._____ tener que dejar a mi familia y amigos sólo por mi forma de pensar, sin embargo, mucha gente 5._____ si no decidiera escapar de su país de origen debido a persecuciones políticas y religiosas.

B. Conjuga estos verbos en paréntesis con el condicional.

1. A veces parece lejano, pero no cuidar nuestro planeta _____ (poder) ser muy grave.
2. La deforestación _____ (debilitar) los ecosistemas que nos ayudan a tener aire limpio.
3. Los desastres naturales _____ (sacudir) al mundo con más facilidad.
4. La falta de cuidado del medio ambiente _____ (resultar) en una catástrofe global si no actuamos a tiempo.
5. Es clave ser parte de la solución. ¿Tú que _____ (hacer) para ayudar?

ANÉCDOTAS 1
UNIDAD 6

NOMBRE:
FECHA:

C. Yo en tu lugar...

Imagina que tu amiga es la secretaria de la Agencia de la Protección del Medio Ambiente y quieres darle unas sugerencias para cuidar nuestros ecosistemas. Escribe 4 consejos que establezcan qué harías tú si estuvieras en esa posición gubernamental. Recuerda utilizar y subrayar el condicional.

Ej. Si yo estuviera en tu lugar, <u>exigiría</u> que se retiraran de circulación los vehículos que contaminen más.

1. _____
2. _____
3. _____
4. _____

ANÉCDOTAS 1
UNIDAD 6

NOMBRE:
FECHA:

LA REPÚBLICA DOMINICANA: UN VIAJE POR EL MUNDO

A. Haz una investigación del merengue y la bachata. Llena la gráfica con información para cada ritmo musical.

Merengue	Bachata

B. Preguntes de enfoque

1. ¿Cuáles son los orígenes del merengue?

2. ¿Qué dato te sorprendió más del merengue?

3. ¿Cuáles son los orígenes de la bachata?

4. ¿Qué tienen que ver estos orígenes con la historia política de la República Dominicana?

ANÉCDOTAS 1
UNIDAD 6

NOMBRE:
FECHA:

EL TEATRO: *EL HOMBRE QUE SE CONVIRTIÓ EN PERRO (PARTE 1)*

Parte I

Palabras clave o preguntas	Apuntes
1. Analiza el título:	
2. ¿Cómo es el marco escénico de la obra?	
3. ¿Quién es el protagonista? ¿Cómo es su persona?	
4. ¿Cuál es el conflicto que enfrenta el protagonista?	
5. ¿Qué tono tiene la obra? ¿Cómo lo sabes?	

Resumen

176

ANÉCDOTAS 1
UNIDAD 6

NOMBRE:
FECHA:

LA CORRUPCIÓN, UNA REALIDAD POTENTE

A. Observa la imagen y describe cómo esta ilustración es un ejemplo de corrupción. Escribe por lo menos 6 puntos para tu explicación y conexión con el tema de la corrupción.

▶ https://www.eltiempo.com/uploads/2020/03/16/5e7012b0c84d9.jpeg

Preguntas de comprensión

Contesta las siguientes preguntas en oraciones completas y con detalles.

1. Escribe en tus propias palabras la definición de la palabra corrupción.

2. ¿Cómo afecta la corrupción a un país?

3. ¿Cuáles son los cinco factores que mantienen la corrupción?

4. ¿Cómo se manifiesta la corrupción en el sector público de un país?

5. ¿De acuerdo con el último informe de Transferencia Internacional, ¿cuáles son los países más corruptos del mundo? ¿Cuáles son los más transparentes?

6. En el caso de Latinoamérica, ¿cuáles países son los más corruptos? ¿Cuáles son los más transparentes?

7. Explica la cita de John Steinbeck con referencia al tema de corrupción. ¿Qué entiendes de esta cita?

< El poder no corrompe. El miedo corrompe, tal vez el miedo a perder el poder>.

ANÉCDOTAS 1
UNIDAD 6

NOMBRE:
FECHA:

UN PESO PARA EL PUEBLO, UNO PARA MÍ

A. *Palabras innovadoras:* Coloca una ✗ si la palabra en la oración se usa incorrectamente. Escribe una ✓ si la palabra en la oración se usa correctamente. Y escribe el número de oraciones donde la palabra se usa <u>correctamente</u> para cada palabra.

corrupción	fenómeno	escrúpulos	mordida	beneficios
#____	#____	#____	#____	#____

_____ 1. La <u>corrupción</u> existe en todas las ramas sociales.

_____ 2. Juan es un <u>fenómeno</u> de profesor.

_____ 3. María tiene <u>escrúpulos</u>; ella roba, hace trampa y se burla de la gente.

_____ 4. El policía le pidió <u>mordida</u> al conductor para dejarlo ir.

_____ 5. El agente le dio una <u>mordida</u> al chofer del taxi quien iba a alta velocidad.

_____ 6. Un <u>beneficio</u> de tener <u>escrúpulos</u> es ganarte el respeto de los demás.

_____ 7. Las personas <u>corruptas</u> no tienen <u>escrúpulos</u>.

_____ 8. Fue un <u>beneficio</u> no haber ahorrado dinero este año.

_____ 9. La <u>corrupción</u> es un valor humano muy importante.

_____ 10. Los gobiernos son <u>mordidas</u> y todos los saben.

ANÉCDOTAS 1
UNIDAD 6

NOMBRE:
FECHA:

B. *Ampliación de vocabulario:* Todas las palabras innovadoras son sustantivos. Ahora vamos a crear oraciones completas con esas palabras y los siguientes adjetivos. Puedes cambiar el género del adjetivo de femenino a masculino.

Banco de adjetivos

descarada	sustancioso	generosa	rendimiento	incontrolable
arriesgada	lucrativo	descontrolada	necesaria
condenado	incalculable	morales	empresarial

○ **Ejemplo:** El <u>fenómeno incontrolable</u> en nuestras calles son los robos.

1. _____
2. _____
3. _____
4. _____
5. _____

C. Después de leer el artículo ya sabes qué es una mordida, el desvío de fondos y el uso de influencias. Ahora piensa en otros ejemplos para cada uno de esos tipos de corrupción.

La mordida	Desvío de fondos	Uso de influencias

1. ¿Qué causas provocan la corrupción en nuestra sociedad? Lista por lo menos 5.

2. ¿Qué puede hacer un ciudadano para evitar la corrupción en su ciudad? Ofrece por lo menos tres ideas.

3. Explica la siguiente cita que aparece en el artículo " Los pasos para un mejor mañana vienen de la mano de un mejor tú, los pasos para un peor hoy vienen de la mano de mentiras y caprichos".

ORTOGRAFÍA: LOS PUNTOS SUSPENSIVOS

A. Recordemos el uso de los puntos suspensivos…

Los puntos suspensivos es una secuencia de tres puntos, no más. Como su nombre lo indica, con ello se señala que algo queda en suspenso.

1. Se usan para señalar que una enumeración puede continuar, es decir, en sustitución de la palabra etcétera.
2. También sirven para indicar interrupción del discurso.
3. Son útiles cuando se cita de manera incompleta el título de una obra o una cita textual que no se quiere alargar.

B. Lee los siguientes textos e indica qué uso se le está dando a los puntos suspensivos.

Ejemplo: Mi abuelo, mi padre, mi tío…(1) siempre me dicen "Más vale pájaro en mano que…" (3).

1. Ricky Martin tiene canciones como María, Vuelve, La Bomba… que han sido éxitos internacionales. _____
2. No puedo decirte… choqué el auto. _____
3. Mónica compró los ajos, las cebollas, los chiles…; yo compré los platos desechables. _____
4. José Manuel, más vale que te comas la sopa o le digo a tu… _____
5. Carlos, la doctora te ha dicho que "Más vale prevenir que…" _____
6. Existen canciones que se te pegan, así como la de "Rata de dos…" _____
7. Ella cocina de todo: tamales, sopes, mole, pozole… _____
8. Sí quiero, pero… estoy ocupada. _____
9. Si quiere que le quite la infracción de tránsito ya sabe… _____
10. Era la chica ideal, pero… _____
11. Había una vez… _____
12. Lo sé todo… Te vi con él. _____
13. Amiga, déjalo, ya sabes que "Agua que no has de beber…" _____

ANÉCDOTAS 1
UNIDAD 6

NOMBRE:
FECHA:

EL VOTO LATINO Y SU PODER EN LA SOCIEDAD

A. **Preguntas abiertas:** Contesta las siguientes preguntas.

1. ¿Qué significa el derecho de votar para ti?

2. ¿Al cumplir con la mayoría de edad piensas ejercer tu derecho al voto? Explica.

3. ¿Es este derecho el voto practicado en tu familia? ¿Cómo lo llevan a cabo? ¿Es un tema de discusión familiar?

4. ¿Cómo funciona el proceso de votación?

B. Contesta las siguientes preguntas de comprensión del artículo de tu texto.

1. ¿Por qué los puertorriqueños no pueden votar en las elecciones presidenciales estadounidenses?

2. A diferencia de los países hispanos, ¿cómo se escoge al presidente de Estados Estados Unidos?

ANÉCDOTAS 1
UNIDAD 6

NOMBRE:
FECHA:

3. ¿Cuántos votos electorales necesita un candidato para proclamarse como nuevo presidente?

4. ¿Con cuántos votos electorales cuenta el estado de California?

5. ¿Por qué el voto latino en Estados Unidos tiene un peso enorme?

6. ¿Cuáles son los estados con más electores hispanos?

7. Según el sondeo de Voter Participation Center, ¿cuáles son los estados que pueden ser decisivos con el voto hispano?

8. ¿Por qué el voto en los países latinos ha sido controversial?

9. De acuerdo con los datos del World Economic Forum, ¿cuál es el país con el mayor porcentaje en cuanto a participación electoral?

ANÉCDOTAS 1
UNIDAD 6

NOMBRE:
FECHA:

EL VALOR DE VOTAR Y CÓMO AFECTA NUESTRAS VIDAS

A. *Palabras innovadoras:* Busca la definición de estas palabras innovadoras y después escríbelas dándoles un ranking de mayor a menor importancia según el tema del artículo "El valor de votar". Al colocarlas en el ranking comparte con un compañero "Mira Juan, a mí me parece que en relación al valor de votar la participación cívica es muy importante porque…"

ciudadano	democracia	reglas	participación cívica	elecciones

1. _____
2. _____
3. _____
4. _____
5. _____

ANÉCDOTAS 1
UNIDAD 6

NOMBRE:
FECHA:

B. *Ampliación de vocabulario:* Al leer el artículo ya te has dado cuenta de lo que trata cada párrafo. Vas a elegir una palabra que pueda sintetizar todo el párrafo en cuestión.

El valor de votar y cómo afecta nuestras vidas.

- Ejemplo: P1. democracia
                   P.2 _____

El voto latino en EE.UU.
        P.1 _____
        P.2 _____

¿Por qué el voto latino es poderoso en EE.UU.?

        P.1 _____
        P.2 _____

Y tú, ¿votarás como adulto? Explica.
_____
_____
_____
_____

185

ANÉCDOTAS 1
UNIDAD 6

NOMBRE:
FECHA:

> **C. A investigar...**

Haz una investigación en la red buscando respuesta a las siguientes preguntas:

1. ¿Qué porcentaje de latinos salió a votar en las últimas elecciones?

2. ¿Han aumentado los porcentajes de participación latina en las votaciones?

3. ¿Qué estado tiene más participación cívica?

4. ¿Qué plan implementarías tú en tu ciudad para promover la participación cívica?

5. ¿Por qué razones crees que la ciudadanía no sale a votar?

6. Imagina que te han pagado para crear un eslogan para un comercial en televisión fomentando la participación cívica/ fomentando el voto. ¿Cómo sería el eslogan de tu comercial?

ANÉCDOTAS 1
UNIDAD 6

NOMBRE:
FECHA:

LAS LETRAS HABLAN - LA CONJUGACIÓN: EL CONDICIONAL

A. Cambia los siguientes verbos en paréntesis al condicional perfecto. Recuerda que el condicional perfecto nos ayudará a expresar posibilidades, deseos o suposiciones que en el pasado pudieron haber ocurrido o no.

> **Ejemplo**: Nunca me <u>habría imaginado</u> (imaginar) ver un tornado tan cerca de mí, fue terrible.

1. Tener otro jefe de gobierno corrupto _____ (devastar) por completo la región.
2. Lo duro _____ (ser) recuperar la confianza en los líderes del país.
3. Algunos piensan que la historia política latinoamericana _____ (cambiar) si no hubiese habido tanta corrupción.
4. Ciertos historiadores incluso especulan que varios políticos en Latinoamérica _____ (comprar) votos para ganar varias elecciones importantes.
5. Varias fuentes nos indican que al parecer _____ (surgir) varios grupos que animan a los hispanos a votar en los Estados Unidos.

B. Escoge la conjugación que mejor complete las siguientes oraciones con el condicional perfecto. Pon atención al sujeto de cada oración para que encuentres la conjugación indicada según cada pronombre.

habrías apoyado | habrían decidido | habría impactado
habríamos votado | habría sentido | habrias sido

1. La corrupción no nos _____ tanto, pero lamentablemente las leyes no se han cumplido.
2. Si hubiéramos podido, _____ por el candidato que apoyaba la igualdad de género.
3. Miles de personas con la oportunidad de votar _____ abstenerse, ya que en algún momento pensaron que su voto no era importante.
4. Ha sido vital que ustedes hayan votado, de otra forma mucha gente no _____ que su voz era escuchada en el país.
5. ¿_____ a un candidato independiente con una buena causa?

ANÉCDOTAS 1
UNIDAD 6

NOMBRE:
FECHA:

C. Describe cómo habría sido tu vida en un país donde no tuviéramos derechos ni libertades como las que gozamos hoy. Piensa en las situaciones positivas y negativas que podrían haberte afectado a ti y a la sociedad. Utiliza cuatro conjugaciones con el condicional perfecto y subráyalas.

> **Ejemplo**: Yo *habría vivido* con un miedo constante.

1. _____
2. _____
3. _____
4. _____

ANÉCDOTAS 1
UNIDAD 6

NOMBRE:
FECHA:

CUBA: UN VIAJE POR EL MUNDO

A. Decide si las siguientes oraciones son ciertas **(C)** o falsas **(F)**.

1. ____ El camino hacia la independencia de Cuba se inició en 1868.
2. ____ Las ciudades en Cuba han sufrido cambios significativos desde los 80.
3. ____ Los jardines del Rey, Cayo Santa María es un lugar turístico.
4. ____ La gastronomía cubana es una mezcla de la cocina española y africana.
5. ____ El congrí es un platillo preparado sin carne.
6. ____ El tabaco es uno de los productos agrícolas principales de Cuba.
7. ____ Las tiendas en La Habana tienen estilo de la segunda mitad del siglo XX.
8. ____ La segunda guerra de independencia está allí en 1898.

B. Haz una búsqueda para el significado de las siguientes expresiones cubanas y después construye tus propias oraciones utilizando cada expresión.

1. tirar un cabo _____
2. vivir del cuento _____
3. ser la pata del diablo _____
4. pujón (a) _____
5. embarcar a alguien _____
6. estar pasma'o(a) _____
7. paquetero(a) _____
8. no me des más muela _____

C. Vas a planear un viaje a Cuba. Incluye tu itinerario completo de 10 días con el hospedaje, los sitios que visitarás, la comida que experimentarás entre otros planes. Debes incluir la vida nocturna con la música y el baile. Esto lo vas a redactar como un correo electrónico dirigido a un(a) amigo(a) a quien vas a invitar. No se te olvide mencionar las fechas también. Tu amigo(a) no pagará nada porque será invitado(a) por ti para que ambos disfruten de un viaje inolvidable.

_____
_____
_____
_____

ANÉCDOTAS 1
UNIDAD 6

NOMBRE:
FECHA:

EL TEATRO: *EL HOMBRE QUE SE CONVIRTIÓ EN PERRO (PARTE 2)*

Parte II

Palabras clave o preguntas	Apuntes
1. ¿Cómo es que esta obra presenta el tema de la realidad de las clases sociales?	
2. ¿Por qué es que el protagonista acepta ese tipo de trabajos?	
3. ¿Qué tipo de transformación sufre el protagonista?	
4. Relaciona las palabras alienación y degradación con la obra.	

Resumen

ONE WAY
EDUCATION

TRABAJANDO JUNTOS

ACTIVIDADES, CREATIVIDAD Y PRÁCTICA